東大理Ⅲにも受かる7つの法則

難関を乗り越える処方箋

森田敏宏

Morita Toshihiro

小学館
101
新書

＊われわれすべてが等しい才能を持っているわけではない。
しかしわれわれはすべて才能を伸ばす等しい機会を持つべきだ。

All of us do not have equal talent,
but all of us should have an equal opportunity to develop our talent.

ジョン・F・ケネディ（アメリカ　第三五代大統領）

はじめに

◆病的なまでに加熱する受験戦争

未曾有《みぞう》の少子高齢化の中、日本における子どもの数は減少の一途を辿《たど》っています。それにもかかわらず、都会における受験戦争は加熱する一方です。なぜ、このような矛盾した状況が生じているのでしょうか。子どもの数が減った分、保護者は一人ひとりに割ける時間が多くなりました。一方で進学塾は、少子化のため生徒の確保に必死です。通常の授業だけでなく、夏期講習、冬期講習、個別指導と、何かと理由をつけては、保護者と生徒を誘導していきます。かつて某ファーストフードショップで、「一緒にポテトもいかがですか?」と売り込んでいましたが、そんなレベルをはるかに超えています。何を目的にするかもわからず、果てしなく続く日本の受験戦争は、病的なレベルに達していると言っても過言ではないでしょう。

私自身、最難関といわれる東京大学理科Ⅲ類に合格し、現在は医師をしている立場から、こうした受験にまつわる病的な現象を「受験という病」と考え、治療法を考えました。私の場合、当時進学塾もない田舎の出身で、地方の無名校からの大学受験はかなりの苦労を要しました。同じような若者にエールを送るために、本書の執筆を思い立ったのですが、個人の経験だけでなく、より普遍的な受験の法則を見出すために、五〇人あまりの現役東大理Ⅲ生へのインタビューも行いました。

その結果、わかったことは、受験に関して世間で〝常識〟と思われていることの多くが、実は間違った認識だということです。そこで、医師としての知見も合わせ、「受験にまつわる神話と真実」を病気になぞらえて、本書では、その「病因」と「処方箋」を提示していきたいと思います。

◆日本の常識は世界の非常識　偏差値を使っているのは日本だけ⁉

日本では、「偏差値」という言葉を当たり前のように使っていますが、試験の成績に「偏差値」という奇妙な物差しを使っているのは、実は世界中で日本だけなのです。これを聞くと驚かれる人が多いと思いますが、本当の話です。

私は、この「偏差値偏重主義」が、数ある受験の弊害の中でも最たるものだと思っています。なぜ、偏差値が良くないのか？　そして、私たちはなぜ学ばなければいけないのか？　その理由を第一章で詳しく解説していきます。

この諸悪の根源「偏差値」を基準にすると、東京大学の理科Ⅲ類が最もレベルが高く、合格するのが難しい学部といわれています。そして、その最難関を突破した人たちは「天才」だと巷《ちまた》では思われています。でもこれは本当でしょうか？

スポーツにも野球、サッカー、テニスなど、いろいろな種目があるように、「受験勉強」というのも一つの競技種目のようなものです。スポーツに向き不向きがあるように、受験にも向き不向きはあると思います。しかし、最終的な合否を決める鍵は、才能よりも努力なのです。受験における勝者とは、「正しい努力」を継続できた人たちなのです。

逆に、自分が「受験という種目」に向いていることに気づかずに、埋もれてしまっている人もたくさんいます。これは、個人の損失というよりも、日本にとっての多大な損失だと考えています。そのあたりを第二章で詳しく解説していきます。

「自分は東大に行きたい」と思っても、それを公言したら、周囲から反対されることがしばしばあります。特に学校の先生や両親など、身近な大人たちが反対します。なぜ、自分の夢や想いをわかってもらえないのか？　実はこれにも理由があります。大人たちは、子どもとは住んでいる世界が違うのです。異次元の住人なのです。これも、驚かれる方が多いと思いますが、なぜそう言い切れるのかを第三章で解説します。

それでは、東大のような難関大学に合格するにはどうしたら良いのか？　毎年東大に多くの合格者を輩出している中高一貫校に進学すれば、東大に合格できる確率は高いはずです。しかし、そうした学校に行っても成績が上がらず、伸び悩む生徒もいます。逆に普通の公立高校からでも東大に合格し、優秀な成績を収める生徒もいます。その違いはどこにあるのでしょうか？　実はこれも科学的な理由が存在します。この話は第四章で詳述します。

大学合格までは長い道のりです。高校三年生の秋からがんばって、大逆転で合格した生徒もいることはいますが、実際は少数派です。長期的な計画を立て、地道に努力を積み重ねていかなければ、合格を勝ち取ることはできません。どうすれば、長い間集中力を維持し、努力を継続できるのか？　この問題に第五章で科学のメスを入れていきます。

とにかく努力さえすれば良いのかというと、話はそう単純ではありません。いくら努力をしたつもりでいても、努力の仕方が間違っていれば、結果はついてこないのです。どうすれば、志望校合格という正しい方向に向かう努力ができるのか？　その方法を探すにはどうしたら良いのかを第六章で解説していきます。

そして、第七章で「受験という病」を克服する方法を解説します。受験の結果は、白か黒か、合格か不合格か、結果がはっきりと分かれます。中間というものはありません。そして、不合格になった生徒の心に傷を残すこともあります。しかし、勝者であるはずの合格者の心にも受験は多大な影響を及ぼしています。結局、必要以上に加熱した受験戦争においては、誰も得をしていないのかもしれません。こうした「受験の後遺症」を癒《い》やす方法を考えていきます。

映画やアニメではタイムマシンが存在しますが、現実の世界では、私たちは過去に戻ることはできません。もう一度高校三年生の冬に戻って東大を受けたいと思っても、実現不可能です。このように過去にこだわるのでなく、私たちは前を向いて生きていかなければいけないのです。

◆日本の危機を救う若者を育てるには？

今、日本はかつてない危機的な状況に瀕《ひん》しています。少子高齢化、経済危機、地震、原発などなど、もはや「昔は良かった」とか、「昔に戻りたい」などといっている余裕はありません。この状況を脱して日本を立て直すためには、やはり若い人の力が必要です。私は日本の危機を救う「未来のヒーロー」が一人でも多く現れることを願っていますが、そのためには、様々な乗り越えるべき大きな課題があります。

アメリカには、中国の老子の言葉を英訳したとされる以下のような名文があります。

Give a man a fish and you feed him for a day.
Teach him how to fish and you feed him for a lifetime.

これを和訳すると、「人に魚をあげても、その日一日しか食べられないが、魚の釣り方を教えれば一生食べていける」となります。

都会では、少ない子どもに必死で教育費をつぎ込む親御さんが増えています。自分の子どもの教育に投資すること、それ自体は悪いことではないのですが、親の言いなりになって勉強しても、受験が終わってしまえば何も残らないのです。親元から離れた瞬間から、何をやれば良いのかわからず、途方に暮れてしまう、そんな子どもが増えています。

そうした子どもたちには、老子の言葉にもあるように、自分の力で道を切り開く方法を教えていかなければならないです。

本書を最後まで読んでいただければ、その方法がわかります。

せっかく、思春期の多感な時期に長い年月を受験勉強に費やすのなら、それを通じて「魚の釣り方」、つまり「人生の歩み方」を学ぶべきでしょう。そうすれば、受験が終わったあとも、自分の脚で、しっかり歩いていけるはずです。

◉目　次

第六章　努力しているのに結果が出ない――137

編集協力／株式会社フォーエム
本文デザイン／矢部竜二
イラスト／山口有史

第一章

勉強する理由がわからない

＊想像力は知識という土台の上に作られる。

Imagination is built upon knowledge.

エリザベス・スチュアート・フェルプス（アメリカ　作家）

人はなぜ学ばなければいけないのか？　この答えを明確に示した本は意外と見当たりません。しかし、答えはいたって簡単です。

私たちが学んでいることは、すべて先人たちの知恵の積み重ねです。一般の人が知りたいことはほとんど世界中の誰かがすでに調べています。新しいことを思いついた、新しいものを作ったと思っても、誰かに先を越されているのです。

本当に新しいものを創造しようとしたら、先人たちの知恵を学び、知識をしっかりと積み重ね、揺るぎない土台を作る必要があるのです。

人はなぜ学ぶのか？

人はなぜ勉強するのでしょうか？　この本を読んでおられる受験生やその保護者の方は、何と自答し、また教えようとするのでしょうか？。

「有名大学に入って、大企業に就職すれば、一生安定した生活ができる」、一昔前なら、こんな説明でも納得する子どもや若者もいたでしょう。しかし、企業に就職しても三年以内で辞める若者が続出している現状。さらには二〇〇八年後半からの「一〇〇年に一度の大不況」。そして、二〇一一年三月の東日本大震災。このような状況下では、五年後、一〇年後の就職先など、まったく見えないはずです。

では、「医学部に合格してお医者さんになれば、収入も良いし、社会的地位も高い」というのはどうでしょうか。

確かに一般のサラリーマンと比べれば、医師の収入は高いかもしれません。しかし、そこに到達するまでの時間・労力・費用は並大抵ではありません。

いわゆる「偏差値的」に、一流といわれる大学に入学するためには、時間と労力を惜しみなく投入しなければなりません。お金もそれなりにかかります。国公立大学の医学部に入学できない場合は、私立大学に莫大《ばくだい》な入学金と授業料と寄付金を納めなければなりません。果たして多感な幼少期の時間の大半を犠牲にするだけの見返りが得られるのでしょうか？　正直、疑問符をつけざるをえません。

そうした犠牲を払って医師になった若者を待ちかまえているのは、「医療ミスによる訴訟問題」「医師不足による過酷な労働」等々です。ビジネスマン同様、先の見えない状況に変わりはありません。

勉強することの原点とは?

おそらく、ほとんどの人が勉強することの原点を知らないか、あるいは見失っています。たとえば、子どもの時に田舎や旅行先で、珍しい蝶や昆虫を見つけ、後に「図鑑で調べた」といった体験をした人は多いのではないでしょうか? この「図鑑で調べる」ということは、すなわち「先人の知恵を学ぶ」第一歩といえます。もし、このような「先人の知恵の蓄積」がなかったら、全国の蝶を自分で調べて回り、名前をつけ、分類して……といった気の遠くなる作業が必要になります。人間一人の生涯ではとても成し遂げられないでしょう。

勉強することの意義をお子さんに聞かれたら、次のように説明したらどうでしょうか。「もし、お前がロケットを作りたいと思ったとする。それを知識ゼロから始めたら、おそらく一生かかってもできないよね。でも、小学校・中学校・高等学校で算数や数学・理科を勉強し、大学でロケットの作り方も学んだら、今よりもっと凄い性能のロケットを作れるかもしれない。だから、人間は勉強するんだよ」。つまり、勉強するのは、「昔の人の知恵を学んで、今よりももっと良いものを作れるようになるためなんだよ」と。

そもそも科学というものは、こうした先人の知恵の積み重ねの上に成り立っています。元東京大学工学部教授で「日本の宇宙開発・ロケット開発の父」と呼ばれている、故・糸川英夫《いとかわひでお》先生の『糸川英夫の入試突破作戦』という本に、日本の教科書を痛烈に批判した一節がありますので、紹介します。

「科学の歩んでいる途は、何万、何十万という先人たちがやった仕事、実験、法則を、習い、覚え、そしてある日、その上に、たった一つの新しい発見、新しい創造をのせることである」と述べ、さらに、教科書の悪い点は「夏の日に太陽がどう動くか調べてみよう、という問いかけだけがあり、答えがないことだ」と、書いています。

糸川先生は、「教科書に本来必要なのは、『太陽は東から出て、西に沈む』という、先人がすでに発見した『事実』『法則』を生徒に教え、覚えさせることである。そして、その次に教えることは、この法則を発見したコペルニクスやガリレオの人生の記録である」と言っています。

これは、多くの人が知っていることですが、コペルニクスやガリレオは、当時の社会の定説だった「天動説」に異論を唱えた科学者です。「この人たちが天動説を人々に説いてきた教会からいくら迫害されても、『太陽が動いているのでなく、地球が動いているのだ』と言い張って、『牢獄《ろうごく》に入れられ、塗炭《とたん》の苦しみを受けた』という、一つの科学の発見の背後にある人間の記録こそ、最も重要な科学の教育であろう」と、書いています。

さらに、「大切なことは、『法則』を単に記憶するのでなく、一つの事実を発見した人間の歴史に感動し、その感動が自分も何かやってみようという、人生に立ち向かい、社会に立ち向かい、世界に立ち向かい、宇宙に立ち向かう人間を作ることであろう」と述べています。

人生とは、「仮説」と「検証」の繰り返し

なぜ、日本の教科書が良くないのか、もう少し詳しく糸川先生の本を見ていきましょう。糸川先生は、教科書のことに触れた部分の最後に、「教科書に、『何をどうすると、どうなるか考えてみましょう』、『観察してみましょう』とあるのは、『一見、科学的に見えているだけであって、実際は科学の本質から逸脱している』、なぜなら『何をどうしたら、どうなるか?』という問題の設定、それ自体が科学だからである」と、書かれています。

このあたりは、一般の人にはちょっとわかりにくいかもしれませんので、筆者なりの理解で、詳しく説明しましょう。そもそも、科学というのは、最初にまず「仮説」を立てることから始まる学問です。たとえば、心臓病の患者さんを治すために、心臓の動きを改善する薬を研究している人がいたとします。その人がある時、Aという新しい薬を発見しました。そこで、その研究者は、「Aという薬は心臓の動きを良くするに違いない」と考えるわけです。この、「Aという薬は、心臓の動きを改善する」というのが、仮に立てた説、すなわち仮説です。次に、やるべきことは、この説が正しいことを証明するための作業です。

そのための実験として、まず、心臓の筋肉の細胞にこの薬を加え、筋肉の細胞の収縮が変化するか、どうかを観察します。この実験で良い結果が出たら、次は動物実験です。何らかの方法で、心臓の動きを悪くした動物にこの薬を注射します。そして、心臓の動きが良くなるかどうか観察します。薬の量、注射する時間などをいろいろ変えて、どういう方法が一番良いか検討するわけです。このように書くと簡単なようですが、実際にはこうした検証に膨大《ぼうだい》な時間を要します。

こうして動物でも良い結果が得られたら、次は人間で試すことになります。よく「人体実験」などといわれますが、最初に人間に試す時には、どういうことが起こるか予想がつきません。そのことを患者さんにも十分説明した上で試験をするのです。

たいていの薬は、その場で注射して効いたら終わりというものではありません。結果が出るまでに何年あるいは何十年もかかるのがほとんどです。

このように長い年月をかけ、「Aという薬は、心臓の動きを改善するのに有効である」という結果が出たとします。最初に「仮説」を立ててから、結果が出るまでの長い長い研究の試行錯誤の過程、そしてその結果までが「検証」という作業なのです。

日本の教科書は、過去の偉大な科学者たちが立てた「仮説」を、子どもたちに「検証」せよ、といっているのです。しかし、それを本気でやろうとしたら、一生かかっても終わらないかもしれないのです。そんな徒労にも近いことをするのではなく、法則を学んだ上で、疑問や新たな発見があったら、自分で「仮説」を立てて検証していく。その先に科学の進歩があるということを、糸川先生は言いたかったのだと思います。

このような「仮説」と「検証」という作業は、何も科学研究にかぎった話ではありません。子どもたちの勉強やスポーツでも同じです。

たとえば、勉強する時、「この参考書を使ったら、成績が上がるはず」という仮説を立てたから、その参考書を使うわけです。最初から、「こんな参考書だめだ」と思っていたら、使わないはずです。そして、試験で良い成績が取れたら、「やはり、あの参考書を使ったら、成績が上がった」ということで、仮説が正しいことが検証されたわけです。

スポーツでも同じです。仮に子どもが野球をやっているとしたら、「こういう練習をしたら、肩が強くなって速い球が投げられる」とか、「筋トレをしたら、ホームランが打てるようになる」といった仮説を立て、それを検証するために練習をしているのです。

要するに、人生のあらゆる場面において、私たちは「仮説」と「検証」を繰り返しているといえるのです。

グローバル化の波に立ち後れる日本の大学

二〇一二年初頭、東京大学が、五年後をめどに秋入学に移行することを発表しました。

アメリカなど、海外の大学は多くが秋に入学します。東京大学は、そのような海外の方式に合わせることになったのです。これはかなり衝撃的かつ画期的なニュースだと思います。なぜなら、日本の教育現場が大きく様変わりする可能性があるからです。

ご存じのように、日本は少子高齢化が進んでいます。子どもの数が減ったからといって大学の定員を減らしては、経営が成り立たなくなりますから、全体の定員数は変わりません。その結果、学生の確保に苦労している大学がたくさん出てきました。日本の最高学府である東京大学は、さすがに生徒の確保には困らないでしょう。

しかし、国際的な観点からすると、アメリカ、イギリスと比べて大きく後れをとっています。

毎年発表される世界大学ランキング（イギリス『タイムズ・ハイアー・エデュケーション』誌）を見ると、二〇一一～二〇一二年の東京大学は世界で三〇位にランクされています。ちなみに、二〇〇九年が二二位、二〇一〇年が二四位です。二〇〇四年に一二位に入って以降、徐々にランクを下げて、ついに三〇位になってしまったのです。

中国に抜かれたとはいえ、つい最近まで世界第二位の国内総生産（ＧＤＰ）を維持し、工業製品などの技術レベルでも世界トップといわれていたわが国の最高レベルの大学が、アメリカやイギリスの大学に大きく引き離されてしまったのです。

このランキングのおもな評価項目は、教育レベル、研究レベル、論文の引用レベルなどです。論文の引用とは、研究者が論文を書く時に参考にした論文のことです。たくさん引用されるほど、影響力のある論文ということになります。つまり、引用が多い論文が多ければ多いほど、影響力の高い研究をしているといえるわけです。こうした評価には、当然、日本の偏差値などは関係ありません。まさに大学の本当の実力が問われるわけです。

アメリカ、イギリスに負けていても、アジアではダントツかというと、そうでもありません。ここ数年は、香港《ホンコン》大学と抜きつ抜かれつの争いをしています。シンガポール国立大学にも肉薄されています。このようにアジアの中ですら、東京大学の地位は安泰とはいえないのです。

では、このまま東京大学のランクが下がっていくとどうなるでしょうか?

中国、韓国など、アジア諸国の優秀な生徒たちは、どんどん海外の大学に出ていきます。当然、彼らは世界の大学ランキングを参考にします。その時、世界で三〇位の大学に関心が集まるでしょうか。おそらく、日本を通り越してアメリカか、イギリスに行ってしまうでしょう。そうして優秀な学生が集まらなくなれば、日本の大学のランクはさらに下がり、負のスパイラルに陥ってしまうのです。

そうした事態を避け、世界中から優秀な学生を集めるための第一歩として、東京大学の秋入学の導入があるわけです。もちろん、入学時期をずらしただけでは、優秀な学生は集まりません。それ以外にも様々な自助努力が必要になるでしょう。

「ガラパゴス化」した教育が開放されたらどうなるか？

このように、日本の教育の世界は、いつの間にか「ガラパゴス化」していたのです。しかし、もしも今回の東京大学の取り組みによって、日本の教育が世界に門戸を開き、レベルが上がったとしたらどうなるでしょうか？。おそらく、今後は東京大学の秋入学に追随する大学がたくさん出てくると思います。そうなれば、外国の優秀な生徒も、日本の大学の入学を目指してどんどん受験するようになるでしょう。

人口減に比して楽にならない受験戦争

日本の年齢別人口（図1）を見ていただけば一目瞭然《いちもくりょうぜん》ですが、現在四〇歳前後の世代と今受験をする世代を比べると、後者の人口が半分くらいに減っています。単純に母集団の人数だけを見れば、受験の競争は、昔よりも楽になっているはずです。

しかし、ひとたび世界に扉を開いてしまえば、中国、インド、インドネシア、タイ、マレーシア、フィリピンなど、様々な国から生徒が受験しに日本に来ます。ひょっとしたら、二〇年前よりも激しい受験競争になるかもしれません。海外の生徒が日本に来るだけではありません。日本の優秀な生徒たちも、海外に目を向けるようになるでしょう。ハーバード、スタンフォード、ケンブリッジ、オックスフォードなど、英米の優秀な大学を目指す生徒が今よりも増えると思います。

このような方向に日本の教育が進むのは、好ましいことだと思います。

日本の企業は、どんどん海外に拠点を移しています。公用語を英語にした企業もたくさんあります。今の日本の経済状況から、そうせざるを得ないという面もありますが、どんどん世界がグローバル化するなかで、「ガラパゴス的な教育」を続けていたのでは、生き残れないのです。

ですから、日本の若者もどんどん世界に出て、世界標準の教育を受ける必要があるでしょう。一時的に日本の国内は空《くう》洞《どう》化《か》するかもしれませんが、長い目で見れば、そのほうが日本のためになるでしょう。

図 1　日本の年齢別人口（平成 23 年 10 月 1 日現在）

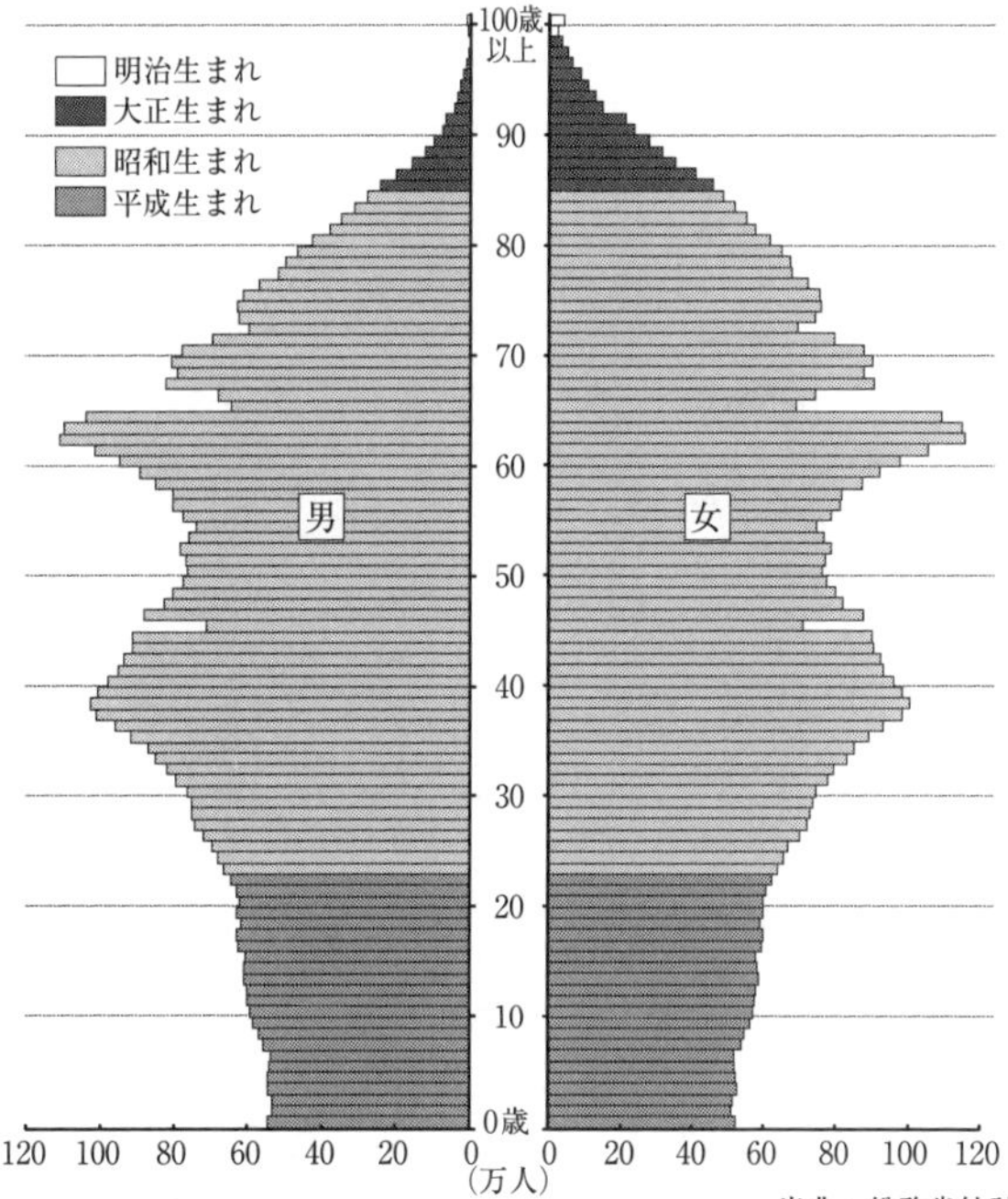

出典：総務省統計局

日本を救うためには教育の革命が必要

インターネットの普及により、私たちはかつてない高度情報化社会に突入しました。私たちは、人類の歴史上、「最も速い変化を遂げる社会に生きている」、そういっても過言ではないでしょう。一説によると、アメリカの新聞『ニューヨーク・タイムズ』の一週間の情報量は、一八世紀に生きた個人が一生をかけて得る情報量よりも多いといわれています。また、今年生まれる新しい情報の量は、過去五〇〇〇年間に人類が発した情報量よりも多いそうです。さらに、現在人類が発信している情報は、毎年二倍に増えているそうです。このペースは今後ますます上がっていくと予想されます。

情報の増加だけではありません。科学技術の進歩も比例して加速しています。一昔前なら、大きなコンピューターがなくてはできなかったことが、今は小さなスマートフォン一つで事足りてしまいます。しかも、小学生でも扱える時代になっています。

そんな時代なのに学校教育の中身は、この五〇年くらいの間、ほとんど変わっていません。「ゆとり教育」の名の下に、一時的に学習内容が簡略化されたり、削減されたといったこともありましたが、これも枝葉末節《しようまっせつ》にすぎません。子どもたちが学ぶべきことが先人たちの知恵の積み重ねなら、時代の流れとともに、その内容も増えたり、変化してしかるべきでしょう。なぜなら、私たちのロケットには、新しい発見や研究成果が日々積み上げられているからです。それにもかかわらず、学校で教える内容は、昔と変わらない基礎の基礎、ロケットの土台の部分だけなのです。

私は将棋が好きですが、将棋の世界も日々新しい戦法が研究されています。三〇年前と現在では、戦い方が大きく異なります。ただし、教育の世界とは違い、新しい戦法を小学生でも知っていて、それを使いこなしているのです。

ここで将棋に関心のない方には申し訳ないのですが、将棋の駒の組み方についてちょっと説明させていただきます。将棋の戦法を大まかに分けると、居飛車《いびしゃ》といって飛車を最初の位置に置いたままで戦う方法と、振り飛車といって飛車を横方向に動かしてから駒を組むやり方に大別されます。この「居飛車対振り飛車」の戦法を例に挙げると、三〇年ほど前までは守りも堅く、攻撃もしやすい振り飛車が優勢でした。ところが、「居飛車穴熊《あなぐま》」といって王将を一番隅《すみ》に持っていき、金・銀の駒でがっちり囲う戦法が開発され、居飛車側の勝率が一気に高まりました。その後、「藤井システム」と呼ばれる居飛車側が守りの体制を組む前に、振り飛車側が攻撃を仕掛ける方法が開発され、両者の立場が逆転しました。さらに近年では、この「藤井システム」の対抗策が開発され、再び居飛車が優勢になるという変遷《へんせん》を経ています。

将棋のプロになる過程は非常に厳しい競争ですが、まれには中学生でプロに昇格する子どももいます。それは、年齢に関わらず誰でも新しいことを学べ、結果を出せば評価してもらえるからです。もしもこうした新しい戦法を大学に入るまで学べないとしたら、中学生でプロにはなれないでしょう。今教育の現場で行われていることは、将棋に例えるなら、戦後間もないころの戦法を学んでいるようなものなのです。

ですから、日本を救うためには、教育も思い切った変革が必要になるでしょう。能力のある生徒は年齢や学年にかかわらず、どんどん新しいこと、高度なことを学べるように能力別、あるいは興味のある分野ごとにクラスを分けても良いでしょう。

『日本国憲法』第二六条には、「すべて国民は、法律の定めるところにより、その能力に応じて、ひとしく教育を受ける権利を有する」と、あります。本来、子どもたちは、能力に応じた教育を受けるべきであり、その権利も、日本の憲法に定められているのです。

年齢に応じてとか、学年に応じてとは、一言も書かれていないのです。

偏差値主義の落とし穴とは?

日本人が受験の指標に用いる「偏差値」ですが、私は自分の受験時代、偏差値をあまり気にしていませんでした。にわかには信じがたいかもしれませんが、これは本当の話です。私が東大に合格してから早いもので二五年が経《た》ちますが、当時から私は「偏差値の弊害《へいがい》」を痛感していたので、いずれ受験の世界から「偏差値」は消滅するだろうと思っていました。

ところが昔と変わらないどころか、受験において「偏差値」はますます存在感を高めています。学習塾や予備校などの受験産業は、偏差値を都合良く利用しています。そして、受験生は偏差値に合わせて自ら限界を設定しているのです。しかも、ほとんどの人がそのことに気づいていません。知らないうちに、「勉強＝受験勉強」、「受験勉強＝偏差値」という図式ができ上がっているのです。

では、そもそも、「偏差値」とは何なのでしょうか?　それを考えていきましょう。これほど偏差値がもてはやされているにもかかわらず、偏差値の算出法も知らないで、偏差値の数字だけを気にしている人が、大半ではないでしょうか。

ここで、偏差値の算出法を説明します。まず、図2をご覧ください。試験の点数の統計をとると、このような正規分布というグラフになります。つまり、平均点付近の人数が一番多く、そこから離れるに従って人数が減っていきます。

次に標準偏差というものを計算します。これは平均点を基準に各自の点数がそこから何点離れているかの平均をとったものです。平均点に近い人が多いと、図3

図2　正規分布グラフ

（x：平均、S：標準偏差）

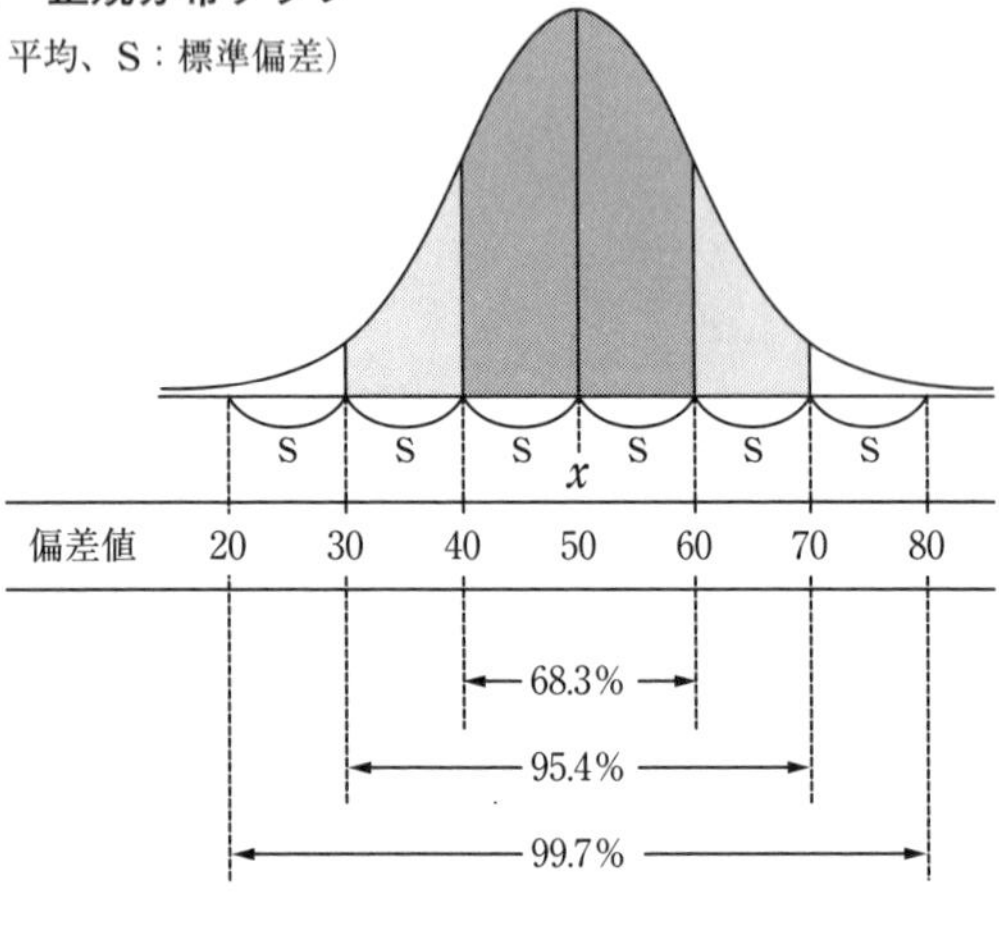

の①のようになり、平均点から離れている人が多ければ、②のようになります。

便宜上、平均点のところを五〇点とし、平均点よりも標準偏差分、点数が高ければ、偏差値六〇、標準偏差の二倍だったら偏差値七〇ということになります。

たとえば、一〇〇〇点満点の試験で、平均点が六〇〇点だったとします。この試験の標準偏差が一〇〇だとして、自分の点数が七〇〇点でしたら、その人の偏差値は六〇になります。つまり、こうした平均点や標準偏差は、試験を受ける人のレベルや問題の難易度によって大きく変わってくるのです。このように「偏差

図3　標準偏差のグラフ

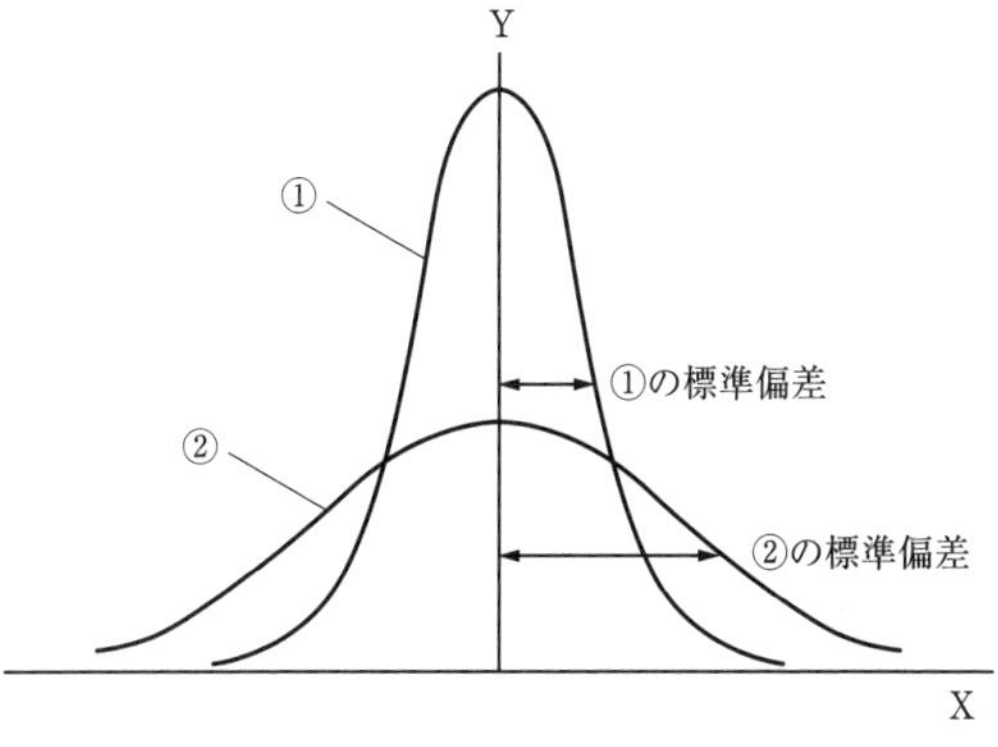

値」というのはあくまでも相対的なものなのです。仮に大学受験生が高校三年生用の模《も》擬試験《ぎしけん》（模試《もし》）を受けたとして、他の受験者が全員小学生だったとしたら小学生で高校三年生の問題が解ける子どもはまずいません。すると、平均点はかぎりなくゼロに近づきます。結果として、その大学受験生の偏差値はとてつもなく高い値になるのです。だからといって、その大学受験生の学力が極めて高く、どんな大学でも合格可能というわけではありません。繰り返しますが、「偏差値」とは、相対的なものであって、問題の難易度や母集団のレベルで変わってくるもので、絶対的な数値ではないのです。

ところが巷では、「私は偏差値が六〇だ」とか、「誰々は偏差値が五五だ」といったように、偏差値がその人の学力を示す絶対的な数値であるかのように用いられることがしばしばあります。

ここまで本書を読まれた方は、もうおわかりだと思いますが、これは明らかな間違いなのです。ですから、偏差値を信奉《しんぽう》している人の話を聞くと、その人は、「私は受験という病に冒されています」と、告白しているように思えてなりません。

日本人は、なぜ、偏差値の算出法も知らずに、人間の価値を偏差値で決めようとするのでしょうか。まず偏差値が絶対的なものではないということを頭に入れて、次項以下をお読みください。

なぜ、偏差値で進路を決めてはいけないのか?

多くの受験生が偏差値を基準に志望校を決めています。しかし、それは本当に志望校選択の指標として適切なのでしょうか? ここで断言しておきましょう。

偏差値を基準にして進路を決めてはいけません。偏差値で自分の進む学校を決めるのは、間違っています、と。

では、なぜ、偏差値で学校を選んではいけないのでしょうか。

各学校の偏差値というのは、あくまで過去のデータに基づくものです。昨年までのデータを進学塾や予備校ごとに集計しているにすぎません。ですから、今年受ける人のレベルとは本来関係ないはずです。

偏差値ランキングなるものを見ると、A大学は偏差値六三などと具体的に表記されています。なかには、六五・三などと小数点以下まで表記しているものもあります。そんなに細かい数値の意味を偏差値が持つものではないことは、さきほどの説明でおわかりだと思います。こんな厳密な数字を、堂々と出す根拠がよくわかりません。「A大学は偏差値六〇～六五くらい」と幅を持たせて書くのなら、まだ理解しやすいのですが。

受験生全員が、こうした偏差値を基準にして進学先を選ぶと、結果的に同じような学力の人が集まることになります。とすれば、偏差値には、ある学校の学力を平均的なものにする役割が期待されているということなのでしょうか。

偏差値が過去を基準としたものであることには、もう一つの意味があります。偏差値は、その受験生の過去の努力の結果を表すものなのです。ですから今回受ける模試で、偏差値が六〇だったからといって、その受験生が「偏差値六〇の人間」ということにはならないのです。今までの努力の結果、今回の模試の結果は偏差値が六〇だったということです。ですから、これからのがんばり次第では、同じ母集団内で上位に入る可能性、すなわち偏差値を上げられる可能性は十分あるのです。仮に、一二月に最後の模試を受けて偏差値が六〇だったとします。そこから受験まで約二か月あるとすれば、まだまだ学力は伸びる可能性があります。しかし、模試の時点の学力を基準に、本当に入学したい学校よりもランクを下げてしまう人が多いのではないでしょうか。

本来、大学は勉強するために入学するのですから、偏差値を基準にするのではなく、何を学びたいかを基準として選ぶべきでしょう。たとえば、大学で「地球惑星科学」という学問を勉強したいとします。それを学べるところが、東京大学か琉球大学しかなかったとします。どちらも合格できる成績だったとして、様々な条件を考慮した結果、琉球大学を選択したとすれば、それでも良いわけです。偏差値の高い大学に入学するのではなく、「自分がそこで何を学びたいか」、それが本来、一番重要な選択基準なのです。

受験校選択の本来あるべき姿は、まず自分が何をやりたいか、そしてどの大学に入学したいのかを決め、次に自分がその大学の志望者の中でどの辺の位置につけているのかを検討し、合格圏内に入るために何をすればよいかを判断する、といった順序のはずです。その上で、どうしてもうまくいかない場合は、また考え直せば良いのです。

処方箋 一 【ロケットの法則】

一、学ぶとは、先人の知恵を積み重ねていくこと。その土台の上に初めて、新しい発見や発明が生まれる。

一、偏差値とは、現時点における、ある母集団内の、あなたの相対的な実力を表しているにすぎない。過去を基準にするのではなく、未来（目標）を基準にしなければいけない。

第二章

一流大学に合格できる自信がない

＊あなたがそう思わないのに、
あなたに劣等感を抱かせることなど誰にもできません。

No one can make you feel inferior without your consent.

アナ・エレノア・ルーズベルト（アメリカ　第三二代大統領フランクリン・ルーズベルト夫人）

なぜ、人は知らず知らずのうちに劣等感を抱いてしまうのでしょうか？　どうすれば、それを拭い去り、前に向かって進めるのでしょうか？　この章では、劣等感の裏にある原因と、その対策を考えていきます。

格差社会とは何か？

格差社会という言葉が使われるようになって久しく経ちます。『日本国語大辞典』（小学館）には、格差社会とは、「成員が、特定の基準から見て隔絶された階層に分断された社会。特に、所得・資産面での富裕層と貧困層の両極化と、世代を超えた階層の固定化が進んだ社会」とあります。

わかりやすく言い換えると、「お金持ちと貧しい人の差が激しい。しかも、貧しい家庭に生まれた子どもがお金持ちになるのが難しい社会」ということになります。また、「親の経済状態が子どもの教育機会に影響し、高い教育が好条件な就業機会につながるため、格差は世代を超えて継承されつつある」といわれています。つまり、裕福な家庭に生まれた子どもは、幼い頃から学習塾に通って勉強し、中高一貫の進学校に進み、東大をはじめとした一流大学に進学できる。そして、一流大学を卒業すれば、一流の企業に就職できる。しかし、貧しい家庭に生まれた子どもは、進学塾に通ったり、私立の中学や高校に通うことができないために、大学受験で不利な立場におかれ、結果として就職も不利になる。このように解釈できます。

きちんとした統計はなされていませんが、「東大生の親の平均年収は一〇〇〇万円以上である」という噂《うわさ》が、まことしやかに囁《ささや》かれています。しかし、実際のところはどうでしょうか。

二〇一〇年の東京大学の『学内広報』によると、東大生の親、もしくは世帯の年収額の分布状況は、「四五〇万円未満」が一六・六％、「四五〇万円以上七五〇万円未満」が一七％、「七五〇万円以上九五〇万円未満」が一四・七％、「九五〇万円以上一〇五〇万円未満」が一六・七％、「一〇五〇万円以上一二五〇万円未満」が一〇・七％、「一二五〇万円以上一五五〇万円未満」が一〇・三％、「一五五〇万円以上」が一四・一％となっています（図4）。これだけを見ると、年収四五〇万円未満の家庭も少なくないということになります。ただし、親が会社経営者の場合は、個人の所得と会社の利益を分けて申告している可能性もあるため、「四五〇万円未満」に属する人の実質的な収入が少ないかどうかは、このグラフだけでは、わかりません。

逆に、収入を多めに申告している人は、ほとんどいないでしょうから、このようなことを考慮すると、平均年収は一〇〇〇万円前後になるかもしれません。したがって、「東大生は、比較的裕福な家庭に生まれ育ったものが多い」と結論づけても間違いではないでしょう。

では、「逆もまた真なり」といえるでしょうか? つまり、「経済的に恵まれているほうが東大に合格しやすい」かど

図４　東大生の出身世帯の年収額分布

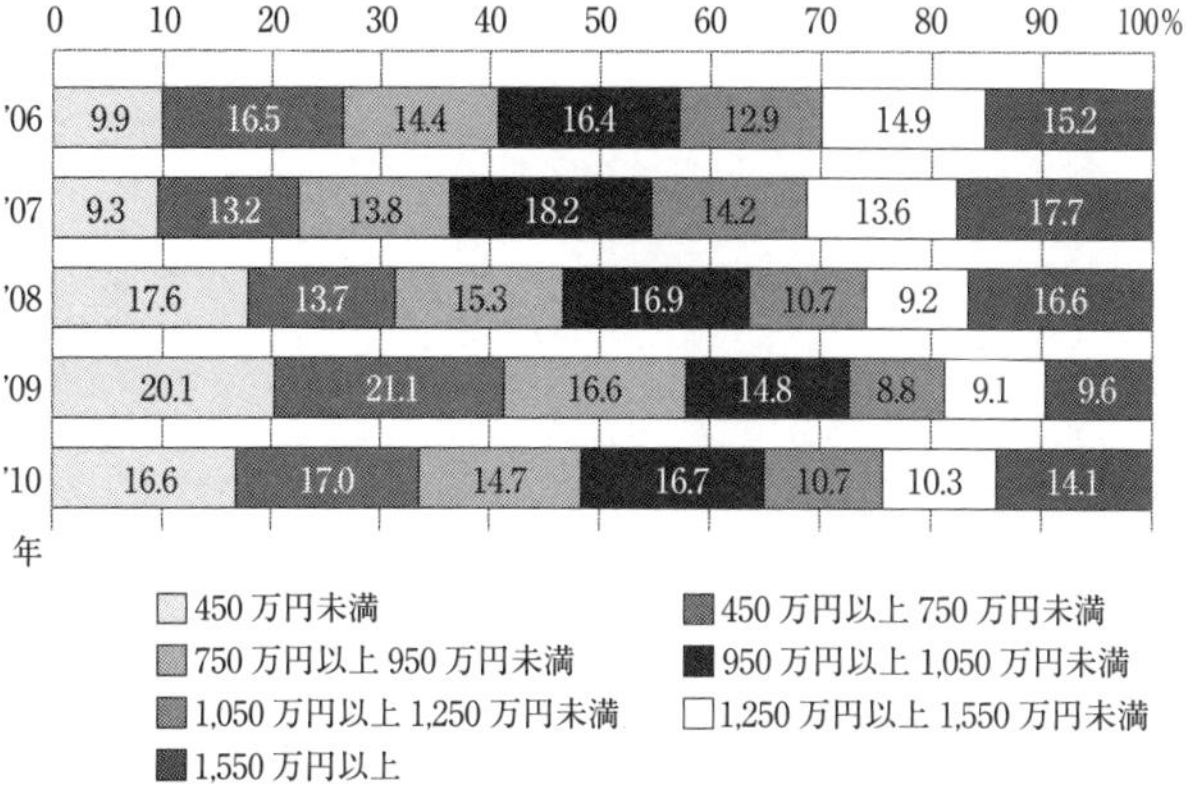

出典：東京大学オフィシャルサイト『学内広報』より一部修正

うか？　これも一般的な傾向としては、正しいでしょう。先述したように、進学塾や私学にかかる費用は馬鹿になりません。それらを容易に払える家庭のほうが有利なのは確かでしょう。

だからといって、収入の少ない家庭では、東大に入れないというわけではありません。二〇一〇年三月一五日号の『アエラ』（朝日新聞社）に「年収二〇〇万円でも東大生　経済格差に克った七人の家庭と素顔」という特集記事がありますが、収入が比較的少ない家庭でも、創意工夫の結果、東大に合格した人はたくさんいるのです。

受験における格差は存在しない

では、年収二〇〇万円の家庭の子どもでも東大に合格できるなら、日本には受験に関する格差は存在しないのでしょうか？　結論からいうと、私は世間でいわれているほどの格差や差別というものは存在しないと考えています。ほとんどすべての人にチャンスは平等に与えられていると考えていますが、現状はどうでしょうか？

四九頁の表1は都道府県別の教育力を表したものです。ここで用いている教育力指数は、各都道府県の人口に対する東大、京大への合格者の割合を示しています。この表をみると、東京が人口約一二三六万で、東大と京大に合わせて一〇〇〇人弱の合格者を出しています。それに対し神奈川県は、人口が八七四万人と、東京のおよそ三分の二の人口を有しているにもかかわらず、東大と京大の合格者は合計二七〇人で、東京の四分の一強しかいないということになります。したがって、教育力指数では、東京の七・六三に対して、二・八九と大きく差が開いているのです。

東京近郊の神奈川、千葉、埼玉に住んでいる生徒は、東京の進学校に通っている場合がありますから、そういった生徒は東京の合格者に含まれている可能性があります。そのあたりは差し引いて考える必要がありますが、それを考慮に入れたとしても、都道府県ごとのばらつきがかなり大きいことがわかります。

そして、人口の多い都会のほうが有利かといえば、必ずしもそうではなく、たとえば近畿圏では、大阪の三・九九に対して、奈良が一三・九二、京都が八・四八と圧倒的に高い数値を示しています。九州地方でも、人口の多い福岡よりも鹿児島のほうが高くなっています。

都道府県名	順位	人口（万人）	東大(人)	京大(人)	教育力	タイプ
奈良	1	143	77	244	13.92	**私**
大阪	11	867	63	566	3.99	私
兵庫	4	558	180	310	6.00	私
和歌山	9	105	26	38	4.29	**私**
岡山	12	195	54	47	3.97	公
広島	7	287	81	99	4.55	**私**
鳥取	35	61	5	11	1.72	**公**
島根	26	74	11	14	2.43	**公**
山口	42	149	9	21	1.31	**公**
香川	8	102	28	34	4.41	**公**
徳島	18	81	19	14	3.21	公
愛媛	15	148	39	33	3.75	△
高知	21	79	18	12	3.04	**私**
福岡	22	503	104	93	2.99	△
佐賀	36	87	10	8	1.61	△
長崎	24	148	37	9	2.80	△
大分	25	122	28	8	2.62	公
熊本	33	185	24	19	1.81	**公**
宮崎	28	117	24	7	2.35	△
鹿児島	6	175	72	23	4.77	私
沖縄	47	139	5	4	0.50	△

タイプについて

公　公立高校優位　　　　　公　公立高校やや優位

私　私立・国立高校優位　　私　私立・国立高校やや優位

△　公立高校・私立高校ほぼ対等

出典：増田誠司著『教育格差に挑む』

表1　都道府県別教育力（2009年）

（最終的な合格人数ではありませんので多少不正確です）

都道府県名	順位	人口（万人）	東大(人)	京大(人)	教育力	タイプ
北海道	38	560	64	35	1.46	公
青森	41	145	17	4	1.31	公
秋田	39	114	13	7	1.45	公
岩手	45	138	14	1	1.05	公
宮城	44	234	20	12	1.11	公
山形	34	120	20	3	1.79	公
福島	46	209	12	12	0.86	公
茨城	31	299	50	17	1.96	公
栃木	29	201	41	11	2.31	公
群馬	30	202	40	10	2.23	公
埼玉	37	704	99	20	1.55	公
千葉	40	606	81	13	1.44	私
東京	3	1236	888	109	7.63	私
神奈川	23	874	235	35	2.89	公
新潟	43	243	23	14	1.23	公
富山	5	111	48	19	5.18	公
石川	17	117	24	30	3.33	公
福井	10	82	19	31	4.21	公
山梨	16	88	26	9	3.47	公
長野	27	218	39	28	2.43	公
岐阜	20	210	32	66	3.10	公
静岡	32	378	42	60	1.90	公
愛知	14	715	185	185	3.88	公
三重	19	186	29	58	3.12	公
滋賀	13	137	12	84	3.94	公
京都	2	256	54	326	8.48	私

これを地域ごとの格差と呼べなくもないですが、それでは、なぜこのようなばらつきが生じているのでしょうか？　表2・3は、東大および京大の高校別の合格者数ランキングです。これを見ると、奈良県の場合、東大寺《とうだいじ》学園という有名進学校があり、ここだけでも多数の合格者を輩出《はいしゅつ》し、全体の合格者数アップに貢献していることがわかります。逆に、そういった有名進学校が少ない北海道、東北地方などは、合格者が少ないという結果が出ているのです。

ですから、たまたま居住地の近くに有名進学校があり、一生懸命勉強して、そこに合格した場合、大学受験にかぎっていえば、かなり有利なポジションにつけたといっても過言ではないでしょう。逆に、近くにそういう学校がない場合はどうでしょうか？　下宿《げしゅく》して遠方の進学校に通う生徒も中にはいますが、それを実現するには、親の考え、経済状況、生徒本人の価値観など、諸条件がうまく嚙《か》み合った場合にかぎられます。多くの場合、通学可能な範囲内で自分の進む学校を選択することになります。

それでは、やはり地域によって「格差」が存在するということでしょうか。たしかに、確率的には有名進学校のほうが有利といえます。しかし、こうした差を生み出している

表2　東大合格者「高校別」ランキング（上位38位、2012年）

順位	校名	都道府県名	合格者数
1	開成	東京	202
2	灘	兵庫	98
3	麻布	東京	86
4	筑波大附属駒場	東京	80
5	駒場東邦	東京	69
	栄光学園	神奈川	
7	聖光学院	神奈川	65
8	桜蔭	東京	58
9	学芸大附属	東京	55
10	渋谷教育学園幕張	千葉	49
11	海城	東京	48
12	東大寺学園	奈良	42
13	巣鴨	東京	41
14	浦和・県立	埼玉	40
15	久留米大附設	福岡	35
16	旭丘	愛知	32
17	千葉・県立	千葉	31
18	日比谷	東京	30
	ラ・サール	鹿児島	
20	筑波大附属	東京	29
	浅野	神奈川	
	広島学院	広島	
23	岡崎	愛知	27
24	東海	愛知	26
25	桐朋	東京	25
	豊島岡女子学園	東京	
	甲陽学院	兵庫	
	白陵	兵庫	
29	西	東京	24
30	早稲田	東京	23
31	土浦第一	茨城	22
	女子学院	東京	
	愛光	愛媛	
34	湘南	神奈川	21
35	攻玉社	東京	19
36	武蔵・私立	東京	18
	高田	三重	
38	前橋・県立	群馬	17
	大宮	埼玉	
	金沢大附属	石川	
	洛南	京都	
	大阪星光学院	大阪	

出典：『サンデー毎日』2012年4月8日号

表３　京大合格者「高校別」ランキング（2012 年）速報

順位	校名	県名	合格者数
1	洛南	京都	85
2	東大寺学園	奈良	70
3	甲陽学院	兵庫	67
4	西大和学園	奈良	66
5	堀川	京都	62
6	大阪星光学院	大阪	56
7	北野	大阪	53
8	洛星	京都	51
	天王寺	大阪	
10	大阪桐蔭	大阪	50
11	膳所	滋賀	47
12	大手前	大阪	39
13	灘	兵庫	33
14	奈良	奈良	32
15	清風南海	大阪	30
	旭丘	愛知	
17	三国丘	大阪	28
18	東海	愛知	26
	茨木	大阪	
20	西京	京都	25
	高槻	大阪	

出典：『サンデー毎日』2012 年 4 月 8 日号

原因は、物質的な問題よりも、実は別なところにあります。それは、人々の意識の違いなのです。知らず知らずのうちに心の中に壁を作っているのです。

地域格差を作る「心の壁」

なぜ、心の中に壁ができてしまうのでしょうか？　逆に壁がない、あるいはあってても非常に壁が低いケースというのは、どんな状況でしょうか？　鹿児島県に鹿児島ラ・サールという中高一貫の進学校があります。かつては、東大に毎年八〇人前後の合格者を輩出していました。では、ある子どもがたまたま鹿児島市内に生まれ、しかも学業成績が優秀だったとします。地元のラ・サール中学に進学し、卒業まで上位をキープしていれば、「東大に入れるかもしれない」。そんなイメージが容易に思い浮かぶはずです。

この場合、東大に合格するには何をすれば良いのか？　まずは中学入試に向けて受験勉強をがんばり、合格したあとは周囲の仲間と競い合っていけば良いのです。目の前の壁を一つひとつクリアしていけば、自然と東大合格に近づいていくのです。

ところが、地元にそういう学校がない地域の生徒の場合はどうでしょうか。地元で一番優秀な高校に行ったとしても、東大に合格できるのは学年で一人いるかどうかという環境で育った場合、知らず知らずのうちに、あなたの心の中には壁ができています。こうした地域の生徒のほとんどは最初から東大受験など考えないでしょう。もし考えたとしても、どうすれば良いか、具体的な方法がわかりません。

周囲の大人たち、つまり親や教師の認識も同じです。「東大？　東大は無理だろ。地元の○○大学にしたらどうだ」といわれるのが関の山です。そうして多くの子どもたちが、高みに登ることを諦《あきら》めてしまうのです。

みにくいアヒルの子の可能性

『みにくいアヒルの子』というアンデルセンの有名な童話をご存じでしょう。アヒルの子どもの中に交じった白鳥の子が、自分は白鳥だと気づかずにいるというお話です。

今まで述べたことからおわかりのように、本当は白鳥になれるのに、アヒルだと思い込んでいる子どもが地方にはたくさんいます。そもそも、生まれ育った環境が異なるだけで、生来の能力に大きな差があるはずはありません。それなのに、そうした子どもたちはなぜか「自分は一流大学などに入学できるはずがない」と思い込んでしまうのです。

このように、本来同じ能力を持っていても、一方は受験に対してある程度自信を持ち、他方はまったく自信を持っていない。その結果、進む道も大きく変わってしまいます。

みにくいアヒルの子は、時間がくれば自然と白鳥になれるのですが、人間はそうはいきません。誰かが「あなたは白鳥なんだ」と教えてあげるか、自分で「私は白鳥だ」と気づかなければ、白鳥にはなれません。

しかも本来、白鳥になれるのにアヒルだと思い込んでいたら、本当にアヒルになってしまいます。逆にアヒルでも白鳥だと思い込めば、白鳥になれる可能性もあるのです。

白鳥とアヒルを分けるものはセルフイメージ

将来、白鳥になるか、アヒルになるか、両者を分けているものは何でしょうか。それが、「セルフイメージ」と呼ばれるものです。セルフは自分自身、イメージは文字通りイメージです。したがって、「セルフイメージ」とは、自分自身に対するイメージということです。ただし、一口にイメージといってもいろいろありますから、ここではある程度限定して、「何らかの能力に関して、自分自身の能力がどの程度のレベルであると思っているか?」という意味合いに取ることにします。

跳び箱を例に挙げてみましょう。全部で一〇段の跳び箱があるとして、一〇段全部跳べる人もいれば、九段までしか跳べない人もいます。人によって身体能力に差がありますから、当然ながら結果も違ってくるわけです。

ところが、身体的には同じ能力を持っていても、一〇段跳べる人と、九段や八段しか跳べない人がいます。それを分けているのは何でしょうか? それがセルフイメージの差だと考えられます。

つまり、九段しか跳べない人は、「自分には一〇段は無理だ」と思い込んでいます。九段目までは調子よく跳べても、一〇段目になると力を発揮できず、失敗してしまうのです。一方、一〇段を跳べる人は「自分は一〇段跳べる」、あるいは「もっと高くても跳べる」と思い込んでいます。ですから、一〇段目でも臆《おく》することなくチャレンジし、実力を発揮できるのです。

これを野球選手にたとえると、メジャー・リーグに所属しているイチロー選手や松井秀喜選手のように、幼い頃から「自分は日本でもプロ野球、あるいはアメリカのメジャー・リーグでもやれる」という高いセルフイメージを持ち、それを維持できたことが、メジャー・リーグでも活躍できた大きな要因なのです。

成功者は高いセルフイメージを持っている

受験でもまったく同じことがいえます。セルフイメージが低ければ、実力を高め、一流大学に進むのは困難になります。また、中学や高校の定期試験でも取り組み方が違ってきます。セルフイメージの高い生徒は定期試験でも常に気を抜かず、好成績を目指します。そうした積み重ねの差が、長い目で見ると大きな差となって表れるのです。

私は、東大理Ⅲの現役学生のうちで、いわゆる無名校出身の学生を中心に独自にインタビューしました。その結果、調査対象となった学生の多くが、本格的な受験勉強を始める以前から、学内の試験ではトップクラスの好成績を収めていたことがわかりました。

このことは、こうした学生が高いセルフイメージを持っていたことを物語っています。

なぜなら、もし「自分はトップクラスの成績なんて無理。せいぜい二〇番程度」というイメージを抱いていたら、とうてい学年でトップは取れないからです。

特に中間試験や期末試験といった学内試験は、難問ばかりが出題されるわけではありません。むしろ、基本に忠実な問題が多いのが一般的です。したがって、好成績を取るためには、試験範囲をくまなく勉強し、理解し、記憶する必要があります。いわば満点を目指すために取りこぼしは許されないのです。

ところが、「自分は八〇点くらいで良い」と思っている人は、重箱の隅をつつくような細かい内容までは勉強しません。ですから、満点を目指して徹底的に勉強した人とは、結果に差がついて当然なのです。

学校の試験で解くべき問題というのは、人類の歴史上誰も解いたことのない難問や奇問ではありません。今までに多くの人が繰り返し解いてきた問題なのです。もちろん、記憶力の差や、俗にいう「頭の回転の速さ」など、個人差によって習熟するまでの時間は異なるでしょう。だとしても時間をかけ、繰り返し学習することで多くの人が解ける問題なのです。

ということは、結果を分けているものは、才能の差よりも努力の差であり、努力の差を生み出しているものが、セルフイメージの差だといえるのです。

天才は一万時間で作られる

スポーツでも音楽でも、チェスや将棋のようなゲームでも、必ず天才と呼ばれる人がいます。野球のイチロー選手やゴルフの石川遼《りょう》選手がいい例でしょう。幼少の頃から、頭角を現し、他を圧倒するような成績を上げることができる。そんな彼らを人々は天才と呼びます。

そんな「天才」たちの活躍を見ると、多くの人は、「彼らはもともと才能に恵まれていたんだ。普通の人とは違う」と思ってしまいます。しかし、本当に彼らは生まれつき、才能に恵まれていたのでしょうか？　それとも努力によって後天的に獲得したものなのでしょうか？

『非才！――あなたの子どもを勝者にする成功の科学』によると、優れた結果を出している人たちは、そうでない人に比べて、はるかに多くの時間、練習をしていると分析しています。いわゆる「天才」の域に達するためには、およそ一万時間に及ぶ練習が必要だと、この本の著者は書いています。これを著者は「傑出性練習説《けっしゅつせい》」と呼んでいます。つまり、傑出したパフォーマンスを発揮できるようになるためには、「それに見合うだけの練習量が必要だ」というのです。

ただし、漫然と一万時間同じ練習を繰り返せば良いというわけではありません。目的を持って練習に取り組まなければ、進歩は得られません。著者はこれを「目的性訓練」といっています。たとえば、一般道を一万時間運転しても、F1レーサーにはなれません。F1レーサーになりたければ、しかるべきマシンをしかるべき場所で運転する訓練が必要なわけです。つまり、その目的に沿った訓練を積まなければ、パフォーマンスの向上は見込めないわけです。

ちなみに、この本の著者はイギリス屈指の卓球選手で、イギリス王者に三度輝き、オリンピックにも二度出場した元トップアスリートです。その著者自ら「傑出するには練習が必要だ」という説を唱《とな》えているあたりに、とても説得力が感じられます。

それでは、この一万時間の「目的性訓練」を受験勉強に当てはめるとどうなるでしょうか。高校三年間で一万時間を達成するには、一日あたり九時間強勉強しなければなりません。これは、受験という目的に沿った訓練ということになりますから、受験と関係ない授業の時間は含まれません。受験に関係のある授業が二～三時間あったとして、それ以外にも六～七時間の勉強が必要になる計算です。

目的に沿った勉強を一万時間こなせば、ほとんどの難関校は突破できる。そういっても過言ではないでしょう。実際、私がインタビューした東大理Ⅲの現役学生たちも、「勉強せずに合格した」などという学生は一人もいませんでした。彼らは、思春期にありがちな誘惑にも負けず、きちんと勉強時間を確保し、着実に努力を積み重ねた結果、東大受験突破という目標を達成したのです。

スポーツでも勉強でも、「一番になる人は、人一倍努力している」。天才たちの裏側にある真実とは、この一文に集約できるのです。

傑出性練習説の根拠

なぜ、天才を作るのに時間がかかるのでしょうか？　その科学的根拠を考えてみましょう。人間の体内には、絶えず微弱な電気が流れています。手足の筋肉や心臓の筋肉が収縮するのも電気的な刺激によります。脳も同じです。電気の流れとともに脳が活動しているのです。ちなみに、心臓の電気活動を記録したものが心電図、脳の電気活動を記録したものが脳波です。

勉強でもスポーツでも、何かを新しく学んだり、覚えたりする時、脳内ではどのような変化が起きるでしょうか。何か新しい作業を学ぶ時、脳内には新しい電気の流れ、すなわち新しい「電気回路」ができます。しかし、新しい回路がすぐに安定するわけではありません。電気がきちんと流れなかったり、流れが遅かったりします。

スポーツであれば、最初のうちは体のスムーズな動きができなかったり、ミスが多かったりします。それがこの段階に相当します。勉強であれば、このような状態が「思い出せない」とか「忘れた」という状態なのです。

運動でいえば、子どもの時、自転車に乗ろうとしても、最初はうまくバランスが取れません。しかし、何度も練習を繰り返すうちに、何とかバランスが取れるようになり、やがて、何も考えなくてもバランスよく自転車に乗れるようになります。

初めて見た英単語の意味がなかなか覚えられなかったとしても、毎日毎日繰り返し見ていれば、「何も考えなくても」思い出せるようになります。実は、この「何も考えない」と思っている状態は、脳の回路が安定して、電気がスムーズに流れる状態なのです。あまりにスムーズなので、何も考えてないように感じますが、ちゃんと脳は活動しているのです。

このように、脳に新しい作業を定着させるためには、繰り返し同じ作業をする必要があるのです。したがって、「天才を作るのには時間がかかる」。これは科学的に見ても理にかなっているのです。

自分は成長過程にいることを知る

今まで述べてきたように、何かに習熟するまでの過程というのは、長い時間を要します。ですから、その

新しい回路を作り　　回路を強固なものにする

習熟過程の途中で順位や優劣をつけるのは、本来意味がないということになります。

このことをもう少し説明しますと、小学生が体育の授業で野球をやったとします。A君は幼い頃から野球をやっていたので、当然他の子どもより上手《うま》くできます。反対に、B君は野球の経験がまったくないので、キャッチボールも上手くできません。この時点までの練習量は、A君が圧倒的に多いわけですから、A君とB君の技量に大きな差があっても不思議はないわけです。

ところが、多くの場合、この瞬間に自分に対するイメージ、すなわちセルフイメージや、他者に対するイメージが確立されてしまいます。つまり、A君は「自分はみんなより野球が上手い。B君はみんなより野球が下手《へた》だ」という認識を持ってしまうのです。一方のB君も「自分は、野球は苦手だなあ。それに比べてA君は野球が上手くていいなあ。きっと生まれつき才能が違うんだろうな」と思い込んでしまうのです。

多くの人は、このような思い込みが間違いだと気づかずに、セルフイメージができ上がってしまいます。しかし、この思い込みが間違いであることは明白です。なぜなら、B君が今後野球の練習を続けていけば、遅くとも数年後には、今のA君のレベルよりは上になるからです。もちろん、A君も練習を続けていれば、レベルがより上がっているでしょう。ですから、B君がA君に追いつくためには、A君より練習量を増やしたり、様々な工夫をする必要があります。

同じようなことは、勉強においてもしばしば経験されます。たとえば、高校二年の三学期まで、全国模試で上位に入っていた生徒が、高校三年生の春の全国模試で大幅に順位を下げることがあります。なぜかというと、春の全国模試は浪人生も受けるからです。仮に一年浪人しているとすると、高校三年生よりも一年余分に勉強しているわけですから、それだけ習熟度が進んでいても当然なわけです。そこから、受験までの一年弱の間に、がんばって学習量を増やせば、浪人生に追いつき追い越せるでしょうし、そうでなければ、自分も浪人することになります。

ここまでの話を読んで、勘の良い人は、第一章の偏差値の話とまったく同じだということに気づかれたと思います。偏差値が人々の「間違った思い込み」に拍車をかけてしまうのです。

セルフイメージを上げる方法

受験勉強に関して、高いレベルに到達するために、セルフイメージを上げることが重要であるということが、おわかりいただけたでしょうか。そして、セルフイメージを上げるためには、今までの間違った思い込みを捨て、正しい認識に切り替えなければなりません。

つまり、「人間は生まれつきの能力の差で、進路もある程度決まってしまう」とか、「自分は偏差値が低いから希望する大学に入学できない」とか、「自分は英語が苦手だから、勉強してもしょうがない」といった様々な思い込みを捨てる必

ある時点での習熟度

ある時点での習熟度は、二人の能力の優劣を示すものではない。なぜなら、未来のＢ君は、この時点のＡ君より必ず習熟度が上がるからである。

要があります。

なぜなら、これらの思い込みは、すべて学習における習熟過程や、習熟に要する時間を考慮していない、「間違った思い込み」だからです。

地方の公立高校に通ってる高校の一年生を例にこのことを考えてみましょう。この生徒が一学期に全国模試を受けたとします。結果が惨憺《さんたん》たるものだったとしたら、その生徒はどう思うでしょうか？　もし、「だめだ、自分は頭が悪い。一流大学に合格するなんて無理だ」と思ってしまったら、それは間違いだということです。そうではなく、「自分はまだ十分な勉強をしていないのだから、できなくても仕方ない。大学受験までの計画をきっちり立てて勉強しよう。そうすれば、模試の成績も上がってくるはずだ」と思うのが正解です。

この高校一年の生徒はあくまで、成長の途中、習熟過程のほんの初期の段階にいるのですから、その時点の成績で一喜一憂する必要はないのです。まして「自分の偏差値は四〇台だ」などと、決めつける必要はまったくありません。

アヒルが白鳥になる道

何かの分野で一流になるためには、それなりの時間がかかること、受験においてもそれが当てはまるということが、おわかりいただけたと思います。したがって、難関といわれる大学に合格したいのであれば、なるべく早い段階から計画を立て、それに沿って勉強すること、それが、つまり「アヒルが白鳥になる道」といえるでしょう。

ここで、一流といわれる進学校と無名校の生徒の状況の差について考えてみましょう。中高一貫の進学校で学習の進み方が早い高校では、高校二年のうちに高校三年の学習範囲まで終えてしまいます。そうすれば、高校三年時は、受験対策に専念できるわけです。

このような進学校の生徒が受験に有利なのは火を見るより明らかですが、だからといって生徒たちのしていることが、特殊な芸当というわけではありません。プロ野球の投手のように「一五〇キロのボールを投げろ」といわれたら、できる人間はかぎられてきますが、高校の学習範囲をコツコツ勉強することは誰でも可能な行為なのです。

進学校の生徒たちは、同級生がやっている勉強を同じようにしているだけなのです。

「あいつには負けたくない」と思って、いわばゲーム感覚で取り組むので、努力したとか、苦労したという感覚は薄いのです。つまり、同級生と競い合っているうちに、自然と学習過程を消化してしまいます。兵庫県にある灘《なだ》高のような中高一貫の進学校が有利なのも、こうした理由によるのです。

一方、地方の無名校に通う生徒が東大を目指すとなると、まったく状況が異なります。一人で地道に努力を続けるのは、強い信念と根気が必要になります。いわば、支援してくれる人はほとんどいない孤立無援というような環境でしょう。そんな環境から、どうやって東大を目指せばよいのか、それが次章「第三の処方箋」になります。

処方箋二　【みにくいアヒルの子の法則】

一、受験勉強に特殊な能力は必要ない。
早くから地道に取り組み、
時間をかけた者が有利になる。

一、ある時点の成績だけで、
自分の評価を決めてはいけない。
皆成長過程の途上におり、
努力を継続すれば、
必ず力はついてくる。

第三章

周囲の理解が得られない

*最も難しいのは、人々の固定観念を変えること。
固定観念は、私たちに錯覚を起こさせる。
自分の頭が命じたようにしか、物事を見られなくなるのだ。

My greatest challenge has been to change the mindset of people.
Mindsets play strange tricks on us.
We see things the way our minds have instructed our eyes to see.

ムハマド・ユヌス（バングラデシュ　経済学者）

人は、それぞれ世界観・価値観が異なります。他人にあなたの夢を語っても受け入れてくれるとはかぎりません。しかるべき時が来るまで、自分の夢は仮面の下に隠し、目標に向かって進んでいきましょう。

子どもの夢を否定するドリームキラー

大人になったら、宇宙飛行士になりたい。パイロットになりたい。プロ野球選手になりたい。幼い頃に、このような夢を抱いた人は少なくないでしょう。そして、小学校高学年や中学生になると、「がんばって勉強したら、東大に行けるかも」とか、「野球でがんばったら、甲子園球場の全国大会に出場できるかも」といった夢や目標を持った人もいるはずです。ところが、多くの人は、年とともに、そのような夢や目標を忘れてしまいます。

人々は、なぜ子どもの頃の夢や目標を忘れてしまうのでしょうか？　そこには、ドリームキラーと呼ばれる人たちの存在が関係しています。ドリームキラーとは文字通り、夢を消してしまう人たちです。彼らはどこにいるかというと、子どもたちの身近にいます。実は、子どもたちの最も身近な存在である親や学校の先生たちがドリームキラーなのです。「お前には無理だ」、「プロ野球選手なんかになれるわけがない」、「この町から東大に入った生徒なんていない」、ドリームキラーはいろいろな言葉で攻撃を仕掛けてきます。そうやって、子どもたちの夢を奪っていくのです。

彼らは、第二章で説明したように、子どもたちが成長の途上にあることを知りません。ですから、「何でこんなことができないんだ」、「何でこんなことも知らないんだ」といった表現もしばしば用います。子どもたちが習熟の過程にあり、今できないことも半年後にはできるようになる、そんなことは毛頭考えていないからです。

なぜ、彼らが子どもたちの夢を否定するのか？　そこにはもう一つ理由があります。彼らと子どもたちは同じ世界に住んでいるように見えますが、実は住んでいる世界が違うのです。だから、子どもたちの世界のことが理解できないのです。

人は、自分の世界だけで生きている

住んでいる世界が違うといっても、現に子どもと親は一つ屋根の下に暮らしていますし、子どもと教師は同じ学舎《まなびや》にいます。たしかに物質的な世界は一見同じなのですが、頭の中でイメージされている世界はまったく違うのです。

このことをもう少し説明しましょう。スポーツの一つにセパタクローという競技があります。バレーボールのようにネットを挟んで相手チームと対峙《たいじ》し、足を使って小さい球を蹴《け》る競技です。いわば足を使うバレーボールのような競技です。日本ではマイナーな競技なので、名前は聞いたことがあっても、実際に経験したことのある人はあまりいないでしょう。

あなたが、このセパタクローの選手と話をしたらどうなるでしょうか？　当然、選手はこの競技を知り尽くしていますが、あなたは一度も体験したことがないし、ルールすら知らないとしたら、おそらく話が嚙み合わないでしょう。選手から「こういうところが面白い」、「こういうところが醍醐味《だいごみ》だ」などと説明を聞いても、あなたには何が面白いのかわからないはずです。なぜなら、頭の中に選手と同じイメージが浮かばないからです。選手はセパタクローという競技のことを知り尽くしていますが、あなたはその競技のことをまったく知らないわけですから、両者がイメージを共有できないのです。

これはかなり極端な例ですが、なぜこのような極端な例を出したかというと、それには理由があります。さすがにセパタクローくらい日本人に馴染《なじ》みの薄いスポーツだと、「私には経験がないから、よくわからない」といった返答ができると思います。ところが中途半端に知っている場合のほうが問題なのです。たとえば、ゴルフをやったことのない人がゴルフ好きな人に面と向かって、「ゴルフなんて、止まってる球を打つだけで、つまらないよ」などと断言したとします。この人は、ゴルフをテレビで視たことがあるだけで、一度もプレーをしたことがないので、ゴルフ好きな人とは同じ世界、同じ価値観を共有できていません。ですから、本来は「私には経験がないので、わからない」と答えるべきだったのですが、テレビを視て何となくわかったつもりになっていたために、ついこのような発言をしてしまったのです。

同じようなことが受験の世界にも当てはまります。生徒が「東大に行きたい」と言った場合、東大受験を経験したことのない教師が、「東大は難しい、お前には無理だ」などと言ってはいけないのです。

世界は脳の中で作られている

なぜ、人によって世界観、価値観が異なるのか。その理由を医学的、科学的に検証してみましょう。

人間の脳には、様々な情報が絶えず入ってきています。視覚、聴覚、嗅覚、触覚などを通じて脳に入ってきた情報の中から、自分にとって必要な情報を選別し認識します。たとえば、Ｋポップのグループが好きな女性だったら、テレビで韓国の男性グループが映った瞬間にすかさず反応し、「わあ、かっこいい」と思うわけです。

このように何らかの情報を認識した段階で、その人の世界観、価値観が決まるのです。したがって、同じものを見ても認識の仕方が異なれば、世界観も別なものになってしまいます。このことの例として、あなたがリゾート地として有名な南の島に観光に行ったとします。あなたには、その島の白い砂浜や綺麗《きれい》な海、青い空がまるで天国のように見えるかもしれません。ところが、リゾート地として開発される前からその島に住んでいた住民の認識はまったく異なります。住民の頭の中には、まだ未開のジャングルだった頃の島のイメージが残っています。ですから、どんな人が来ても、「島が荒らされた。見知らぬ外国人に侵入された。ここはまるで別世界だ」と思えてしまうのです。

このように同じものを、同じように見ても、見る人の認識次第で価値観が一八〇度異なります。このような認識の相違が、脳に入ってくるすべての情報に対して起きているわけです。そのため、一人ひとりの世界観が違うものになるのは、ある意味当然の結果といえるでしょう。

認識の相違について、もう一つ例を挙げます。テレビで東大の合格発表のニュースを視た教師が、「東大入試は難しい。うちの高校の生徒じゃ無理」と認識するかもしれません。一方、生徒のほうは「僕もがんばって勉強し

同じ世界に生きていても、大人と子どもの価値観はまったく違う

たら、東大に行けるかも」と思うかもしれません。この時点で両者の認識は一八〇度異なるので、自分と「違う世界」に住んでいる人に、「僕は東大に入学したいのです」と言っても、理解してもらえない可能性が高いのです。

違う世界の住人に夢を語ってはいけない

こうして考えてくると、一人ひとりが違う世界の住人、すなわち、異なる価値観を持った人たちに自分の夢を語っても意味がないということがわかります。

これまで解説してきたように、何か大きな目標を達成しようと思ったら、それだけ多くの時間を要します。その過程は長い道のりです。まだスタート地点に立ったばかりの子どもを見て、周囲の大人たちが目標を達成する子どもの姿をイメージできないのは、やむを得ないことです。

フルマラソンにたとえるなら、マラソンを走った経験のないあなたが、突然「自分はフルマラソンで完走する」と宣言しても、真に受ける人はほとんどいないでしょう。ところが、あなたが毎日練習を重ねて一〇キロ、二〇キロと長い距離を走れるようになったら周囲の人の見方が変わってきます。そして、フルマラソンの大会に出場し、二〇キロ地点、三〇キロ地点を通過したら、すべての人があなたを応援してくれるようになるのです。この瞬間、あなたと別の世界に住んでいた人たちが、あなたと同じ世界を共有できるようになるのです。

このように、夢や目標が近づくその時が来るまでは、別の世界の住人、いわゆるドリームキラーには夢を語らないほうがよいということになります。

やる気を生み出す目標設定の方法① 大学合格をゴールにしてはいけない

大学合格までの長い過程でモチベーション（意欲）を維持していくためには、目標設定の仕方が重要になります。まず、大きなポイントは、大学合格をゴールにしてはいけないということです。大学合格を最終ゴールにするということは、アスリートがオリンピックの金メダル獲得を最終ゴールにするのと似ています。

トップアスリートは、四年に一回開催されるオリンピックを目標に、四年間トレーニングや強化訓練を重ね、出場したオリンピックに四年分のエネルギーやパワーを注ぎ込みます。端《はた》から見ている人間からすると、オリンピックで金メダルを獲得したら、さぞかし達成感や満足感にあふれ、人々から祝福もされ、その後も充実した日々を送れると思いがちですが、実態はそうではありません。それまで目標にしてきたオリンピックが終わると、魂の抜け殻《がら》のようになる選手や、オリンピック終了後、その競技にどのように取り組めばよいのかわからずに困惑する選手が少なくありません。

「燃え尽き症候群」という言葉をご存じでしょうか。燃え尽き症候群とは、一つのことに没頭していた人が、慢性的で絶え間ないストレスが続いた結果、無気力感や脱力感に陥り、社会的に機能しなくなってしまう状態で、一種のうつ病とも説明されています。オリンピックの金メダリストの中には、金メダル獲得という目標を達成した瞬間に、自分の次なる目標がわからなくなってしまい、燃え尽き症候群のような状態になってしまう人が少なくないのです。

大学受験後に、このような燃え尽き症候群になってしまっては、何のための勉強だったのかわからなくなってしまいます。いわば本末転倒です。ですから、そうならないように、もっと高い目標を持つ必要があるのです。

そもそも、長い人生で見れば、大学合格というのは、一つの通過点にすぎません。「人《じん》間《かん》五〇年」と謡《うた》った織田信長の時代と違い、今や日本人の多くが八〇歳、九〇歳まで生きる時代です。その長い人生で、二〇歳にも満たないうちに燃え尽きてしまっては、膨大な時間を受験勉強に費やした意味がなくなってしまいます。

では、どのような目標を設定すればよいのか？　たとえば、医学部に進学したいのであれば、自分が医者になってどんなことをしたいのか、どんな形で社会に貢献したいのかを考えるとよいでしょう。私がインタビューした東大理Ⅲの現役学生のU君は、小学生の時に読んだ、ある心臓外科医の手記に感銘を受け、医学部進学を決意したそうです。学校の担任は「君の学力では東大は無理だ」と、東大受験に反対したそうですが、U君は「自分は東大に入学し、心臓外科医になる」という夢を捨てずに努力を続け、最難関といわれる東大理科Ⅲ類に合格したのです。

ここでイソップ物語をもとにした「三人のレンガ職人」という寓話《ぐうわ》を紹介します。あるところに、三人のレンガ職人がいてレンガを積む仕事をしていました。そこへ通りがかった人が、「あなたは今、何の仕事をしているのですか」という同じ質問を三人にしました。すると一人の職人は、「レンガを積む仕事だよ」とつまらなそうに答えました。二人目の職人は、「壁を造る仕事だよ」と、やはりつまらなそうに答えました。そして、三人目の職人は、「私は学校を建てているんですよ。レンガを一つひとつ積み上げて、それがやがて立派な学校になる。そこで、子どもたちが勉強するんです。子どもたちの笑顔を見るために、働いているんですよ」と答えました。

この寓話のように、同じ作業でも明るい未来を想像する人は、仕事の取り組み方がまったく違ってきます。大学合格という「通過点」の先にある明るい未来を想像して、その人なりの目標を設定していただきたいと思います。

やる気を生み出す目標設定の方法②　目先の利益を利用する

前述したことから、大きな目標を持つことの大切さを理解いただけたと思いますが、それでも人間は日々体調も変われば、やる気のレベルも異なります。勉強に気乗りしない時は、ついついゲームをやってしまうこともあるでしょう。こうした、日々のやる気を高めるためには、「目先の利益」を利用します。

目先の利益というと聞こえが悪いですが、実際、目先の利益だけを追求するとろくなことがありません。しばらく前に、賞味期限切れの食品をごまかして販売していた企業が、いくつも摘発されたのは記憶に新しいところです。これなどは、目先の利益に囚《とら》われ過ぎた結果、本当の目標を失ってしまった典型例です。

日本の政治は「だめ」といわれますが、これも同様な理由で説明がつきます。政治家は次の選挙で選ばれなければ、その先はないと考えていますから、目先の利益、すなわち、次の選挙に勝つための方法ばかりを考えているのです。そこには、長期的な視点で日本を良くしようという考えが欠けているのです。

このように、目先の利益ばかり追求するのは良くないのですが、上手く活用すれば、勉強のやる気アップにつなげることができます。これが俗に「報酬効果」というものです。報酬、つまり「ご褒美《ほうび》」を利用してやる気をアップする方法です。

嬉《うれ》しい時や、気持ちが良い時、脳の中ではドーパミンという物質が放出されています。このドーパミンが、いわばやる気の源、やる気を起こさせるホルモンなのです。食べ物でいえば、美味《おい》しいケーキを食べて「美味しい〜」と感じている時、ドーパミンが分泌されているのです。

ところが、脳にはもう一つ面白い働きがあります。実際にご褒美を貰《もら》っていなくても、ご褒美を想像しただけで、このやる気ホルモンが分泌されるのです。相手が小学生であれば、「この計算ドリルが終わったら、ケーキをあげるね」というと、普段以上にがんばって問題を解きます。この時、子どもの脳の中ではドーパミンが分泌され、普段よりやる気がアップしているのです。これが「報酬効果」と呼ばれるものです。

先述したように、長期的な目標を持ちつつ、短期的な目標、すなわち日々の勉強をクリアしていかなければなりません。そのために、まず、短期的なご褒美が必要になります。ですから勉強に際して、「今日は気乗りしないから、ゲームでもやろう」と、いきなりゲームをやってしまうのでなく、「今日のノルマを達成したら、ゲームをやろう」と、好きなゲームを自分へのご褒美にするのです。報酬効果を上げるためにも、このような「ご褒美」を勉強する前から決めておくと良いでしょう。

そして、受験生にとって大学合格は、長期的な目標と短期的な目標の間にある中期的な目標ということになります。特に大学受験まで一年とか半年となってくると、余計なことをしている時間はなくなります。そんな時は男子生徒なら、「大学に受かったら、楽しく遊べる。女子大生にモテモテだ。だから、この半年は脇目も振らずにがんばるぞ」と自分に言い聞かせるのです。「大学に入ったら、楽しく」というのが、その人にとってのご褒美になるのです。たとえば、私の友人で記憶術の権威の宮口公寿《みやぐちきみとし》先生は、記憶術を駆使して東大合格を果たしたすごい人ですが、記憶術を使うだけでなく、「東大に入ったら絶対モテるに違いない」と自分に言い聞かせ、やる気を高めたそうです。

このように「よこしま?」な発想でも構わないので、自分がやる気を高められるご褒美を設定し、やる気を維持していきましょう。

目標達成のために素顔を隠す「仮面の法則」

ドリームキラーと呼ばれる大人たちに、自分の夢や目標を打ち明けないほうが良いという話をしましたが、難関大学突破へ向けた長い受験勉強の過程で、そうした周囲の人たちと、どのようにかかわっていけば良いでしょうか。そこで役に立つのが、この「仮面の法則」です。

多くの人が、「人間は正直でなければいけない」とか、「嘘《うそ》をついてはいけない」といった固定観念を持っています。このような考えは、周囲の人からいわれているうちに、いつしか、人々の頭の中に定着してしまったものです。こういった固定観念を持っているため、他人から「君はどこの大学に行きたいんだい？」と聞かれた時に、正直に「東大に行きたいです」と答えないと、何か罪悪感を感じてしまうのです。しかし、正直に答えれば、ドリームキラーに攻撃されてしまいます。ですから、自分の世界、自分の価値観は「仮面の裏側」に隠すようにしてください。そして、共有できる部分、共有できる世界観だけの話をするのです。

たとえば、周囲の友人が、大学受験にまったく関心がなく、いつもスポーツやゲームばかりしていたとします。もし、あなたも同じスポーツが好きだとしたら、そのスポーツを一緒に楽しめばいいし、ゲームが好きだったら、一緒に遊べばいいのです。そのかわり、自分だけが持っている世界については、あえて語らないようにすればいいのです。

いつも遊んでいるのに、なぜか成績のいい生徒が、どの学校にも必ずいると思います。

このような生徒は、友だちと共有できる世界、つまり遊ぶ時には、それに集中し、ひとたび家に帰ると、自分だけの世界、つまり勉強に集中するわけです。このように、周囲と共有できる部分と、自分だけの専有部分を上手く住み分けているから、両立が可能になるのです。

マンションにも、住民全員が使用できる共用部分と、一家族しか使用できない専用部分があります。自分たちの専用部分をいつも開けっ広げにしておく人がいないように、あなたも自分自身の世界をすべて見せる必要はないのです。

仮面というと、「仮面夫婦」とか、暗いイメージを連想する人もいると思いますが、ここでは、むしろ、明るい自分だけの世界を隠すために仮面を使いましょう。目標を達成した先には明るい未来が待っているわけですから、それを想像してニンマリしても良いのです。でも、それを他人に見られないように仮面で素顔を隠す。それが仮面の法則なのです。

自分の世界を広げる方法

「仮面の法則」を使えば、どんなに田舎の無名校に通っている生徒でも、一流大学合格に向けて、密《ひそ》かに勉強を続けられます。しかし、前述したように、合格までの道のりはとても長く、時間がかかります。その過程をたった一人で乗り切るのは、多感な時期の若者にとって容易なことではありません。

では、周囲に自分と同じ価値観を持った人間がいない、つまり受験に関して理解してくれる人間がいない場合には、どうしたらよいでしょうか？　たった一人の狭い世界に閉じこもり続けるべきなのでしょうか？　逆説的に聞こえるかも知れませんが、そのような場合には、自分の世界を広げる努力をしたほうが良いのです。

では、どうすれば、自分の世界を広げられるでしょうか？　それには自分と同じ価値観、同じ世界を持った人と交流することが一番です。たとえば、夏休みや冬休みを利用して、大手予備校や進学塾の講習に行ってみるのも良いでしょう。そこには同じ志を持った若者たちがたくさん集まっています。地元の高校では同じ世界を共有できる人間がいなくても、そこに行けば同じ世界を共有できる人間がたくさんいるのです。これは学校で「オタク呼ばわりされている生徒」が、ひとたび秋葉原に行けば仲間がたくさんいるのと同じ理屈です。

今はインターネットという便利なツールがありますから、メールやＳＮＳなどを利用して講習で知り合った仲間とその後も連絡を取り続けても良いでしょう。

受験というのは、自分自身の実力で勝負しなければならない世界で、いわば他力本願が通用しない世界です。そのため、どうしても孤独な闘いと思いがちですが、実は多くの同年代の若者が同じような悩みを抱えているのです。そのことがわかるだけでも、気持ちがとても楽になりますし、合格に向けて、勉強に対するモチベーションも上がるのは間違いありません。

この章の最後に、アメリカのプロバスケットボールリーグＮＢＡの元トッププレーヤー、マジック・ジョンソンのメッセージを紹介します。

彼は一九八〇年代にロサンゼルス・レイカーズで五回の優勝に貢献するなど、華々しい活躍をしていましたが、一九九一年一一月にエイズに感染していることを理由に、現役を引退しました。
その翌年に出版された『マイライフ』という自叙伝のエピローグ「A Message for Black Teenagers（黒人の若者たちへ）」の一節です。

「お前には無理だよ」と言う人の言うことを聞いてはいけない。
もし、自分で何かを成し遂げたかったら、
できなかった時に、他人のせいにしないで、自分のせいにしなさい。
多くの人が、僕にも「お前には無理だよ」と言った。
彼らは、君に成功してほしくないんだ。
なぜなら、彼らは成功できなかったから。
途中で諦めてしまったから。
だから、君にもその夢を諦めてほしいんだよ。
不幸な人は不幸な人を友だちにしたいんだよ。
決して諦めてはだめだ。

自分のまわりをエネルギーであふれた、
しっかりした考え方を持っている人で固めなさい。
自分のまわりをプラス思考の人で固めなさい。
近くに誰か憧《あこが》れる人がいたら、その人のアドバイスを求めなさい。
君の人生を変えることができるのは君だけだ。
君の夢が何であれ、それにまっすぐ向かっていくんだ。
君は、幸せになるために生まれてきたんだから。

（マジック・ジョンソン）

処方箋 三 **【仮面の法則】**

一、自分と価値観の異なる人から理解を得られないのは、当然と知る。

一、仮面で、自分の素顔を隠すかのごとく、自分の夢はドリームキラーに知られないようにする。

第四章

集団の中で実力を発揮できない

＊どんな馬鹿でも物事を大きく、複雑に、暴力的にすることはできる。
逆の方向へ動くには天才の片鱗《へんりん》と多大な勇気が必要だ。

Any fool can make things bigger, more complex, and more violent.
It takes a touch of genius - and a lot of courage
to move in the opposite direction.

アルバート・アインシュタイン（ドイツ生まれ、アメリカに亡命　物理学者）

みんなと違う方向に進むのは、勇気がいります。しかし、その先にこそ成功への鍵があります。なぜ別な方向、別な場所を探す必要があるのか、その理由をこの章で説明します。

一流進学校に行っても、伸び悩む生徒がいるのはなぜか？

中高一貫の一流進学校に合格する生徒は、小学校時代はとても優秀な成績を収めています。順当にいけば、そのような学校の生徒が全員東大や医学部に進んでもおかしくないわけですが、実際はそんなことはありません。一流校に行っても、成績が伸び悩む生徒もいますし、逆に一流校に入学できず第二志望の学校に進んだ生徒が力をつけて、東大に合格するといったケースも珍しくありません。なぜ、このような「逆転現象」が起こるのでしょうか。

一流校でも伸びる生徒は高いセルフイメージを持っています。その生徒は、「自分はこの学校にふさわしい。この学校でも上位にいける力がある」と思っているのです。ですから、優秀なライバルがいてもいい刺激にこそなれ、それによって萎縮《いしゅく》してしまうようなことはないのです。そうして、切磋琢磨《せっさたくま》していく間に力を伸ばしていくわけです。

逆に伸び悩む生徒というのは、低いセルフイメージを持っています。表面では、「勉強がつまらない」とか、「先生が悪い」とか、いろいろな理由をつけますが、心の底では、「自分なんかついていけない」という意識を持ってしまっているのです。

そのような生徒にとっては、一流校は「居心地の悪い場所」になってしまうのです。こうした「居心地の悪い場所」では、力を発揮することができないのです。

「コンフォート・ゾーン（comfort zone）」という言葉があります。直訳すれば、「居心地のいい場所」あるいは「慣れ親しんだ場所」という意味です。人間はコンフォート・ゾーンにいなければ、実力を発揮することができないのです。サッカーでも、ホームとアウェイがあります。ホームはホーム・グラウンド、すなわち自分たちのグラウンドです。一方、アウェイというのは敵地になります。慣れ親しんだホームであればリラックスして冷静なプレーができますが、慣れないアウェイに行くと、冷静さを欠いてしまい、体のどこかに無駄な力が入って十分な実力を発揮できなくなってしまいます。

もともと同じような能力を持っている生徒でも、このような意識の違いで、その後の成績が大幅に変わってくる可能性があるのです。

環境によって成績も変わる

アメリカでは、昔から人種差別が問題になっているのは、ご存じの通りです。「黒人は白人よりも頭が悪い」といった説が、まことしやかに言われていました。

一九六八年四月、アメリカ北西部のアイオワ州・ライスビルの小学校で人種差別についての実験授業が行われました。小学三年生の担任であるジェーン・エリオット先生は、「子どもたちを差別意識というウイルスから守りたい」という思いから、次のような実験を試みました。

実験初日、エリオット先生はクラスの生徒を、青い目の子どもたちと茶色い目の子どもたちとの二つのグループに分けました。そして、青い目の生徒にこう言いました。「あなたたちは、頭が良く、成績も優秀だ。茶色い目の子どもたちよりも優れている」と。

その日の間ずっと、エリオット先生は、青い目の子どもたちを褒《ほ》め、長めに休憩を取らせたり、昼食を取りに行くのも先に並ばせるなど、彼らを優遇しました。その一方で、茶色い目の子どもたちには、区別のために色つきの襟《えり》をつけさせ、何かにつけて彼らを批判し、嘲笑《あざわら》いました。

そして、二日目には両者の役割を逆にしました。つまり、青い目の子どもたちは劣等生として扱われ、茶色い目の子どもたちは優等生グループに割り当てられたのです。

この授業は差別される側の気持ちを実際に体験し、子どもたちの人種差別に対する考えを変えるために行われたのですが、意外な結果をもたらしました。劣等生グループに割り当てられた生徒は、「もともと出来が悪かったのではないか？」と思えるような振舞いをし、反対に優等生に割り当てられた生徒は、「劣等生グループ」に意地悪をしたり、差別したりしたのです。しかも、この傾向は役割を変えても同じでした。

態度だけでなく、テストの結果にも影響が出ました。実験授業の二週間前と授業をしている二日間、そして授業の二週間後に国語と算数のテストを行ったところ、子どもたちの点数は「優れている」とされている時に最も高く、「劣っている」とされている時に最も低い値を示したのです。そして、授業後はクラス全体の成績がかなり高くなったのです。

こうして差別意識を変えさせる目的の実験で、意外な結果が得られたのです。つまり、生徒のパフォーマンスは先天的な要因よりも、わずかな環境の変化や意識の変化によって大幅に変わるということがわかったのです。

たった一五分で成績が上がった

黒人の生徒は、本当に白人の生徒よりも勉強ができないのか？　二〇〇六年、『サイエンス』という世界で最も権威のある科学雑誌に、次のような論文が掲載され話題を呼びました。その内容は、以下のようなものです。

まず、白人の生徒も黒人の生徒も二つのグループに分けます。一方は、アファメーションといって、自分を肯定する作業をします。それに対して、もう一方のグループは、その反対の作業、つまり自分を否定するような作業をします。具体的には、アファメーション・グループの生徒たちは、自分の最も優れた部分、価値のある部分について書き出します。次に、なぜそれが価値があるのか、その理由を書きます。他方のグループは、自分の最も価値のない部分、劣っていることを書きます。そして、なぜそれが他の人に

図5　白人、黒人の各グループの成績変化

■黒人 自己否定グループ
□黒人 アファメーション（自己肯定）グループ
■白人 自己否定グループ
■白人 アファメーション（自己肯定）グループ

グラフの縦軸はGPA（Grade Point Average アメリカの学校で用いられる0から4までの5段階評価）

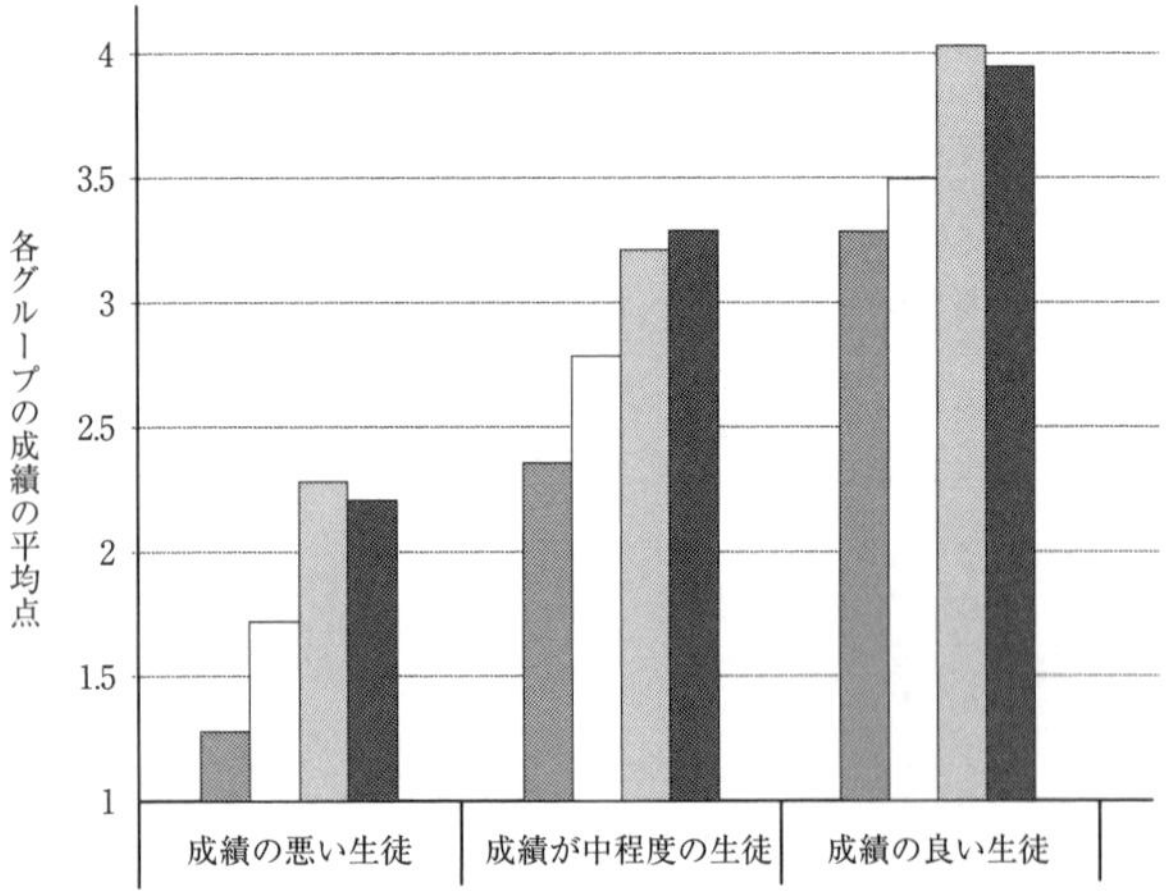

出典：『サイエンス』2006年9月号

とって価値があるのか、重要なことなのか、その理由を書きます。

一回当たりの所要時間は、わずかに一五分ですが、たったこれだけの作業でアファメーション、つまり自己肯定を行った黒人生徒は短期間で成績が上昇しました。それに対して、白人の生徒は自己肯定を行ったグループも自己否定を行ったグループもあまり成績は変わらなかったのです（図5）。この実験結果から言えることは、黒人の生徒たちは、「自分たちは白人の生徒よりも頭が悪い」といった根拠のない定説によって、知らず知らずのうちにコンプレックスを持っているということ。そして、それがストレスとなって、自分の実力を発揮できていないということです。

彼ら黒人の生徒が差別のない社会で伸び伸びと育ったら、もっと勉強ができていたかもしれない。それほど環境というのは重要であり、子どものパフォーマンスに大きな影響を及ぼすものなのです。

コンフォート・ゾーンとニワトリの法則

「鶏口牛後《けいこうぎゅうご》」という故事成語をご存じでしょうか。「鶏口」はニワトリのくちばし、「牛後」は牛の尻《しり》です。本来の意味は、「大きな組織に付き従って軽んぜられるよりも、小さな組織の長となって重んぜられるほうが良い」ということです。これを受験に当てはめると、「東大に一〇〇人合格する学校で、悪い成績を取るよりも、東大に数名しか合格しない学校でも、そこでトップになったほうがいい」ということになります。

前述したように、環境は生徒のパフォーマンスに大きな影響を及ぼします。自分の実力を発揮するのに適した環境を選ぶ、それがニワトリの法則なのです。そして、実力を発揮できる環境がコンフォート・ゾーンということになります。

しかしながら、こと受験に関して言うと、あまりにレベルの低い環境では意味がないでしょう。何も勉強しなくても一番になれるような集団では、ぬるま湯すぎます。それでは、逆に力を落としてしまいます。「がんばって勉強すれば、なんとか一番になれる」。そのくらいのレベルが適しています。その集団の中で、一番をキープできたら、もっと高い集団に勝負を挑んでいけばいいでしょう。近くにそういう集団がなければ、全国模試などを受けてみてもいいでしょう。

『お金がなくても東大合格、英語がダメでもハーバード留学、僕の独学戦記』の著者、本山勝寛《かつひろ》さんは、高校三年春の模試で、「合格可能性ゼロ」の判定を受けましたが、そこから猛勉強を始め、東大に現役で合格、さらには紆余曲折《うよきょくせつ》の末、ハーバードの大学院にも合格した経歴の持ち主です。その本山さんも、受験勉強を開始した当初は、「まずはクラスで一番を目指す」という目標を掲げ、それが達成できたら、「次は校内で一番」、「県で一番」そして「全国で一番」というように、徐々に目標を高くしていったそうです。がんばれば手が届きそうな目標を一つひとつクリアすることで、本山さんのコンフォート・ゾーンは変わっていったのです。

ここで言うコンフォート・ゾーンは、自分がリラックスできて、楽をできる場所という意味ではありません。あくまでも、自分の実力を発揮するのに適した場所であり、それは、成長とともに変わりうるものなのです。

不安を感じる方向にこそ活路がある

以前、ゾウリムシの研究をしている生物学者の講演を聞いたことがあります。ゾウリムシとは単細胞生物で、形が草履《ぞうり》に似ていることから、このように呼ばれています。

講演の内容は、ゾウリムシのような単細胞生物にも、自発性があるというお話でした。自発性とは、誰から指示されるわけでもなく、自分から行動をするということです。何とゾウリムシは自分にとって快適な場所、つまりコンフォート・ゾーンに向かって自発的に移動するのだそうです。

ゾウリムシにとってのコンフォート・ゾーンは、それほど複雑ではありません。彼ら（？）にとって適正な温度の場所を探し求めるのです。その場所を探して移動し続けるのです。ゾウリムシの体には繊毛と呼ばれる細かい毛がたくさんついています。この繊毛を動かすことで水中を移動します。単細胞だからといって、直進し続けるわけではありません。水温が変化すると、とっさに繊毛の動きが反転し、反対の方向へ進み始めるのです。実際には小刻みに方向転換を繰り返しながら、徐々に適正な温度の場所へと進んでいくのです。

もう一つ興味深い点は、同じ水槽の中に入れるゾウリムシの数が少ない場合、その動きは比較的シンプルなのですが、たくさんのゾウリムシを同居させると、より複雑な動きをするようになるということです。人間社会でも同じような絵が思い浮かぶのではないでしょうか。田舎で暮らしている人はのんびりしているのに、都会では人々がせわしなく動きまわっている。この話を聞いて、そんな姿をゾウリムシに重ね合わせてしまいました。

ゾウリムシには失礼ですが、このような単細胞生物でさえ、自分にとって快適な場所を探し求めるのですから、あらゆる生物が、こうした自発性を有していることは想像に難くないでしょう。

当然、われわれ人間にも快適な場所、コンフォート・ゾーンを探し求める習性はあるはずです。ところが人間の場合、他の哺《ほ》乳類《にゅうるい》と比べてあまりに脳が発達しすぎたために、いろいろな問題が生じてきます。置かれている環境も、

ゾウリムシとは比較にならないくらい複雑です。その結果、自分が本当に求めているコンフォート・ゾーンに進めないことがしばしばあるのです。

自分の将来の志望を実現するために本当は国立大学に行きたい、そこが自分にふさわしい場所だと思っていても、もう一人の自分が心のどこかでつぶやきます。「でもなあ、難しいよなぁ。親も止《よ》せって言ってるし……」、同じ一人の人間の中でさえ、複数の気持ちが葛藤し、結局別のゾーンを選んでしまうということはよくあります。

このように道の選択に迷った時、どのような基準で道を選べばいいでしょうか。どのようにしたら、自分の真のコンフォート・ゾーンに辿り着けるでしょうか。そのような時、私は「自分が不安を感じる方向に進みなさい」とアドバイスしています。

人間は経験したことのない領域に進む時には不安を感じます。逆によく知っている、楽な方向に行く時には、不安は感じません。何か新しいことをする時に、この「不安な領域」を乗り越えなければ成功はありません。ですから、心を落ち着かせて、あなたの中にあるアンテナの感度を上げてみるのです。そして、より不安を感じる方向に進んでみましょう。その「不安の壁」を乗り越えた先には明るい未来が待っているはずです。

ローカル・ベストにとどまるな

ゾウリムシの話をされた先生の言葉で一番印象的だったのは、「ローカル・ベストにとどまるな」というものでした。

ローカル・ベストとは、全体の中で最も快適な場所ではなく、その中の一部の領域、限定された領域の中でベストな場所ということです。そこは、あるかぎられた範囲では一番かもしれませんが、本当のベストではないのです。

そのようなローカル・ベストにとどまるのではなく、ゾウリムシのように貪欲に本当にベストな場所を探すべきだということです。ローカル・ベストは、言わば「ぬるま湯」のようなものです。最初は熱すぎず居心地がいいかもしれませんが、結局体が温まらず、風邪をひくかもしれません。それに対して、もっと熱い湯に浸《つ》かるのは最初は勇気が要りますが、時間が経てば慣れてきますし、体も温まります。

世界は広いのです。狭い世界だけに目を向けず、視野を広げましょう。あなたが四国に住んでいるとしたら、四国の大学に入学することが、親も助かり、自分も楽かもしれない。一見、そこは「居心地のいい場所」＝コンフォート・ゾーンのように思えます。しかし、それはあくまでもかぎられた範囲での話です。つまり、ローカル・ベストにすぎないのです。西日本全体、日本全体と視野を拡大していけば、どんどん選択肢は広がります。広い視野で世界を見渡せば、あなたがもっと実力を発揮できる場所が見つかるはずです。

第一章で述べたように、これからは教育の世界もグローバル化していくのは間違いありません。したがって、早い段階から世界に目を向けていったほうがいいでしょう。日本国内で一流大学に進めば一流企業に就職できるという時代は、すでに終わろうとしています。

二〇一二年一月にNHKが日本の大手企業一〇〇社を対象に行った、企業の採用活動などに関するアンケート調査によると、外国人の採用について、「継続的に採用している」が八九社もあることがわかりました。

しかも、「外国人を継続的に採用している」と答えた企業に、今後の計画をたずねたところ、「外国人の採用を増やすことを検討している」が四〇%あまりに当たる三七社で、「現状維持」が四一社、「減らすことを検討している」は一社もありませんでした。また、外国人の採用を増やす理由については、「事業の海外展開を拡大するため」とか、「国籍を問わず優秀な人材を確保するため」といった回答が多かったそうです。

昔ながらの受験勉強で一流大学に進んでも先行きがまったく読めない時代に突入しつつあります。もっと広い視点で世界を俯瞰《ふかん》し、本当にベストなゾーンを探す必要があるでしょう。

就職活動とニワトリの法則

話は受験からややそれますが、日本の不景気や企業の海外進出などの影響で、今の大学生はかつてない就職難に見舞われています。楽天が運営するクチコミ就職情報サイト「みんなの就職活動日記」が発表した二〇一三年度卒業予定の学生を対象に調査した「新卒就職人気企業ランキング」によると、就職人気企業の一位は電通、二位は伊藤忠商事、三位はオリエンタルランドという結果でした。四位以下も名だたる大企業が名前を連ねています。

これらの企業を志望する理由としては、「年収が高い」「仕事が面白そう」「事業自体が社会貢献」「文化・芸術・スポーツ活動に熱心」「成長が早い」「教育研究に熱心」などが挙がっています。しかし、直《じか》に学生にインタビューして本音の部分を聞いてみると、「大企業のほうが安定している」とか「有名な企業に就職すれば、親も安心する」といった理由が多いようです。一言で言えば、「安定志向」ということになります。

しかし、これだけ変化の速い時代にあって、三〇年先まで安定が見込める企業はほとんどないと言ってもいいでしょう。入社した企業が潰れずに安定していたとしても、大きな組織であればあるほど、あなたが「牛の尻」になってしまう確率は高くなります。それよりは、小さくても今後成長の見込める会社、自分の実力を発揮できる会社に入って「ニワトリのくちばし」を目指してみてはいかがでしょうか。

就職浪人して、二〇代の貴重な一年を就職活動だけに費やすのはもったいない話です。それよりは、しばらく海外に行ってみるのも悪くないでしょう。たとえば、フィリピンのように英語の通じる国に行けば、英会話の勉強になりますし、物価も日本より圧倒的に安いので日本での生活費より安くすみます。知らない国で独りで生活するには、多くの苦労が伴うでしょう。しかし、それを乗り越えることで、あなたは今よりレベルの高い「ゾーン」に行くことができるのです。企業が求めているのは、面接を上手にこなせる人間ではありません。自分自身で道を切り開く力、それを持った人間を求めているのです。

処方箋 四

【ニワトリの法則】

一、レベルの高い集団の中にいれば、誰でも力がつくというわけではない。

一、自分が実力を発揮できる場所、力を伸ばせる場所を選ぶ必要がある。

一、そして、その集団の中でトップを目指すべし。

第五章

勉強に集中できない・勉強を継続できない

＊小さいことを積み重ねるのが、
とんでもないところへ行くただ一つの道だと思っています。

イチロー（メジャー・リーガー）

受験は長丁場の闘いです。学校の定期試験のように一夜漬けでは歯が立ちません。一朝一夕《いっちょういっせき》には成果は出ません。

どうやって集中力を維持し、ゴールまでの長い道のりを乗り切るか、その理論と方法を解説していきます。

なぜ結果を焦るのか？

目標に向かって自分の生き方を、生活を整えたとしても、どんなことでもそうですが、すぐに目に見える結果は生まれないものです。すぐにランクアップしたり、ステージアップしたりするのはゲームの世界だけの話です。第一章で説明したように、生身の人間が成長していく過程では、ある程度の時間を要します。

しかしながら、子どもを持つ多くの親が、こと子どもに関しては結果を焦ります。勉強でもそうですし、スポーツでもそうです。「なんで、こんな問題ができないの？」とか、「何回も同じことを言ってるでしょ」と子どもを叱りつけます。

以前、息子と一緒にバッティングセンターに行った時のことですが、子どもが打てないと厳しく叱りつける親をよく見かけました。私と同年代の人はよく知っていると思いますが、漫画『巨人の星』（梶原一騎原作・川崎のぼる作画）の主人公の父「星一徹」さながらに怒っている親がたくさんいました。

なぜ、親は子どものこととなると結果を焦り、叱りつけてしまうのでしょうか。

ある看護大学の研究によると、幼児の子育てで母親が一番イライラするのは、子どもが「人並みのことができない」時、「子どもが、わざとやって自分を困らせているのではないか？」と思った時、同じ失敗を繰り返して、「できて当たり前と思われることができない」時などだということでした。

なぜ、このようなイライラが生じてしまうのでしょうか？　その理由の一つは、子育てへの自信のなさです。核家族化に伴って子育てのための実践的な知恵が伝承されなくなったことが大きいのでしょうが、とりわけ母親に子育てに関する十分な知識がないため、何か一つの方法を試して上手くいかなかった場合に、次にどうしていいかわからなくなってしまうのです。また、本来子どもは失敗を繰り返しながら、試行錯誤の中で成長していく生き物なのに、そうした成長過程を知らないがゆえに、じっと見守ることができないのです。

それに加えて、他人の評価が気になり、自分に経験的な基準がないことも手伝って、わが子に対する周囲の視線がそのままプレッシャーになるということも挙げられるでしょう。お砂場デビューなどという言葉からもうかがえますが、母親と子どもだけが子育ての基本単位になってしまっている、孤立してしまっていることがよくわかります。

児童心理学が明らかにしていることですが、子どもの成育段階ごとに子どもが必要としているものは異なりますし、また子どもの個性によっても発育の速さは違います。ですから、幼児期の子どもに競争をさせても、それぞれ成長のステージが異なるわけですから、あまり意味がないということになります。ところが、そういったことを知らない母親は、自分の子どもや子育てが標準かどうか、まわりから子どもがどう評価されているか、自分がまわりからどう評価されているか、といったことばかりが気になり、それが大きなストレスになるのです。

これらはすべて不十分な知識や間違った認識から来る不安や、自信のなさと言えるでしょう。おそらくその根源にあるのは、今の子育て環境もさることながら、親自身の幼児期、小児期の体験によるところが大きいと思われます。自分自身が子どもの頃に、親や周囲の大人から「なんで、こんなことができないの?」とか、「もっと早くやれ」などと怒られた記憶が多くの人にあるのではないでしょうか。そのような記憶が根底にあり、それが引き金となって、自分も子どもを叱りつけてしまうのです。

なおかつ、自分自身の親に対しても、いい子でいなければいけないという気持ちが、心の底に刷り込まれているので、子育ての先輩であるはずの親にすら素直に相談することもできない。そのようなジレンマの中で、事態をいっそう悪化させてしまうのです。

親から子へと、こうした負の連鎖が続いていることが、日本の教育における隠れた大きな問題と言えるでしょう。

結果が出るには時間がかかる

繰り返しになりますが、目標を達成しようとする時には結果が出るまで時間がかかります。そのことを肝に銘じておく必要があります。

有名な『7つの習慣』という本に、「農場の法則」という一節があります。農場では春に種をまき、夏には手入れをし、毎日毎日水を与え、秋になってやっと収穫します。季節の運行に則して毎日必要な務めを果たし、その作業を継続して行わなければなりません。そうしなければ実りの秋は来ないのです。実りの時まで時間がかかるのです。

メジャー・リーグのイチロー選手はご存じのように、二〇一〇年のシーズンに、一〇年連続二〇〇本安打という偉業を達成しました。「どうすれば、二〇〇本安打が打てるのか」という記者の質問に対して、彼は「二〇〇本ヒットを打つためには、それまで一九九本の積み重ねが必要なんです」と答えています。

そうなのです。ノーヒット・ノーランやサイクルヒットは一日でできますが、二〇〇本安打は一日ではできません。一本一本の積み重ねが必要なのです。さらに言えば、メジャー・リーグでの一〇年間の積み重ね。もっと言えば、日本時代から積み重ねてきたこと、少年時代からの三〇年あまりに及ぶ積み重ねがあったからこそ、このような偉業が達成できたと言えるでしょう。これは、受験においても同様なのです。結果が出るまでには時間がかかります。一日一日の積み重ねが、最終的な目標校合格へとつながるのです。

なぜイチロー選手は成功したのか？

イチロー選手が、ここまで成功できた要因とは何でしょうか。「もともと素質があったから」「バッティングフォームがいいから」など、様々な見方がありうると思います。

彼が成功できた大きな要因は、多少の好不調の波こそあれ、常に一定のペースを維持できたことにあると、私は考えています。そして、その原動力になっているのは、「毎日、同じことを繰り返す」ということなのです。

彼は渡米してからの七年間、毎日朝食はカレーライスを食べていたそうです。そして、朝、家を出てから球場に出るまで、すべての行動が決まっているのです。同じ道を通って球場に行き、グラウンドに着くと道具の手入れをして、ユニフォームを着て、グラウンドに出ます。ランニング、ストレッチ、キャッチボール、バッティング練習と毎日同じメニューをこなし、同じコンディションでゲームに臨むそうです。

「それを一つひとつこなしていくうちに自然と鈴木一朗からイチローに切り替わる」と彼自身がコメントしています。そして、バッターボックスに入る前、あるいは入ったあとも必ず同じ動作をこなして、ピッチャーと対峙します。

このように、毎日同じことを繰り返すのはつまらないことだとか、無味乾燥だなどと、みなさんは思うのではないでしょうか。ところが、ここに集中力を高めるための大きな秘密が隠されているのです。

なぜ、毎日同じ動作を繰り返すことによって集中力が高まるのでしょうか。毎日行動パターンが決まっていると、一つひとつの行動をする際に迷いがなくなり、あれこれ余計なことを考えずに次の動作に移っていけます。そして、それをすることで条件反射のように徐々に集中力が高まっていくのです。

さらに、もう一つ見落とされがちなのは、毎日同じ動作、同じ練習をしているようでも、実は毎日の積み重ねによって次第にレベルが上がっていくということです。このようなことをわかっているからこそ、イチロー選手は毎日、同じことを続けているのです。

脳は段取りを考えるのが苦手

受験勉強をする場合も、イチロー選手と同じように、毎日の行動パターンを決めてしまうのがベストです。では、なぜ毎日同じ行動パターンをとることにメリットがあるのか、その医学的な理由を考えてみましょう。

仮にあなたが高校生だとします。今日は日曜日で、丸一日勉強をしようと決めています。午前中に国語と数学と英語を勉強するとして、どの順番でやるのがいいでしょうか。たった三教科の順番だけでも、六通りもあります。あなたは、それを決めるために頭を悩ませます。英語がやりやすそうだから、先にしようか、それとも難しい数学を先にやるか、でもそれだと時間が足らなくなるかも……。こうして悩んでいる間、あなたの脳はめまぐるしく活動している反面、時間はどんどん過ぎていくだけで、何ら生産的な活動はしていないのです。そして、最終的には、ストレスだけが残ってしまうのです。

ところが、毎回勉強する順番が決まっていたらどうでしょうか。最初は国語、次は英語、最後に数学という具合にです。毎回決まっていれば、迷わずに取り組むことができます。結局どの順番でやっても、効果はあまり変わらないのです。それよりも、パターンを決めてしまったほうが、条件反射的に勉強に集中できるようになるのです。

このような順番や段取りを覚えておくためには、短期記憶といって、短期間記憶しておく能力が必要になります。たとえば、あなたが買い物に行く時にメモを取らずにすべて覚えて行ったとします。あなたは、いくつまでなら覚えられるでしょうか。

短期的に覚えておける項目は通常七つくらいと言われています。これは、アメリカの心理学者ミラーが提唱した説で、「マジカルナンバーセブン」と言われています。意外に思われるかもしれませんが、人間が短期的に記憶しておける項目数は、「7±2」程度しかないのです。

このように短期間だけ、手順や段取りを考えたり、覚えておいたりする脳の働きを、脳科学ではワーキングメモリーと言います。七つしか覚えられないということは、人間の脳は実は段取りが苦手なのです。したがって、あらかじめ予定を決めていないと、「次、何やるんだっけ」

毎日パターンが決まっていると、迷わず集中できる

とか、「次何やろうか」と、しょっちゅう悩まなければならないのです。

ちなみに、いわゆるボケ防止とか、脳の働きを低下させないためには、このワーキングメモリーを鍛えたほうがいいので、料理をしたり、わざとメモを書かずに買い物に行くなどといった訓練をするのもいいでしょう。しかしながら、受験勉強をする場合には、脳に余計なストレスをかけず、勉強に集中するために、行動のパターン、特に勉強のパターンを固定したほうがいいのです。

毎日全科目を勉強するのが理想的

一日に一つの科目だけを集中して勉強する人がいます。たとえば、今日は英語だけ、明日は数学だけといった具合です。その一方で、複数の科目を勉強する人もいます。英語を一時間やったら、次は数学を一時間、そして物理を一時間といったやり方です。どちらも一長一短あると思いますが、科学的に見た場合に、どちらが好ましいでしょうか。

学習するということは、脳内に新しい回路を作り、それを強化することだという話をしました。その観点からすると、回路には頻回《ひんかい》に電気を流したほうが好ましいのです。

何かを学習する時、脳内では特定の箇所の活動レベルが高まります。いわゆる活性化した状態になります。この活性化する箇所は勉強する科目によって異なります。つまり、英語を勉強している時と、数学を勉強をしている時では、脳内の異なる回路に電気が流れているのです。したがって、特定の回路にばかり電気を流して、他の回路を全然使わずにいると、使っていない回路は錆びついて、電気が流れなくなってしまうのです。

このような脳の特性を考えると、毎日なるべくすべての科目を勉強したほうがいいでしょう。そうすることによって、各科目に必要な脳の回路を錆びつかせず、徐々に強化していくことができるからです。東大のように、受験に必要な科目が多いと、配点の低い科目を捨てるという人もいますが、わずかな差が合否を分けることもありますから、少しでも点数を積み上げるためにも、なるべく全科目を勉強したほうがいいでしょう。

私の場合、古文や漢文のような比較的〝マイナー〟な科目も、古文を一日二〇分、漢文を一〇分といった具合に、毎日少しずつでも勉強するようにしました。たったこれだけの勉強でも、いわゆる「勘が鈍る」のを防ぎ、そこそこの点数を取ることができました。その頃は脳科学などという概念はありませんでしたし、自分の感覚を頼りにした方法でしたが、今になって振り返ると、理にかなった勉強法だったのです。

アクティブレスト効果を狙う

「アクティブレスト」という言葉をご存じでしょうか。直訳すれば、「積極的な休養」という意味です。つまり、ハードなスポーツをしたあとなどに、ただ単にじっと安静にするのでなく、体に積極的な働きかけをするということです。

たとえば、プロ野球の投手が試合後にキャッチボールをしたり、軽いジョギングやストレッチ、マッサージ、アイシングなどをしますが、これらを行うことで、何もせずに休んでいる場合よりも、疲労の回復を早めているのです。

こうしたアクティブレストの効果は勉強でも期待できます。たとえば、休憩時間にじっとしているのではなく、軽い体操などで体を動かすのも一つの方法です。近年では、運動によって脳が活性化されることが明らかになっていますから、積極的に体を動かすことは、脳のためにも良いと言えます。

また、同じ科目を長時間勉強していると、脳内の同じ回路ばかりを酷使しますから疲労が蓄積してきます。そこで、別な科目の勉強に切り替えれば、疲れた回路を休め別な回路を働かせることで、「積極的な休養」効果を狙うことができるのです。

このような理由からも、一日にこなす科目を絞るよりも、なるべく多くの科目、できれば全科目をこなすのが理想に近い方法と言えるでしょう。

最後までペースを維持する

普段、学校の授業がある時は、日中は学校で授業を受け、放課後は塾に行ったり、自宅で勉強したりと、比較的勉強のペースを作りやすいと思います。それに対して、ペースを維持しづ

ただ休むよりも積極的な休養を意識するアクティブレストの考えを勉強にも活かす

らいのは、休日や夏休み・冬休みのような長期の休暇です。時間が豊富にある分、勉強の予定が組みづらく、油断すると無為に一日を過ごすことになってしまいます。そして、最も気をつけないといけないのは受験直前の一〜二か月です。この時期は、現役生も浪人生も授業がなくなります。したがって、各自のペースで勉強する必要があります。この時期に自分で勉強のペースや生活のペースを維持できるかどうかが、合否の鍵を握ると言っても過言ではありません。

私は一浪して東大の理Ⅲに入りましたが、現役の高校生の時は直前期のペース維持が上手くいきませんでした。高校時代、私は寮に入っていたので、学校の授業がなくなると、一日中、寮の自室で勉強をすることになりました。しかし、ここで規則正しい生活が維持できず、学校の授業があった時よりもむしろ、勉強のペースが落ちてしまったのです。

この反省を踏まえ、浪人時代は、最後までペースを維持するための工夫をしました。浪人時代の私は、千葉県の自宅から、東京の市ヶ谷の予備校まで二時間近くかけて通っていました。往復四時間もかけて通学すると、自宅での勉強時間は十分に取れません。

そこで、それを補うために、英語、国語、化学などは、なるべく電車の中で勉強していました。普通に考えれば、予備校の授業がなくなったら、自宅で勉強すれば、もっと時間が取れていいはずです。しかし、私は敢《あ》えて自宅にこもらず、東京まで通い続けることにしたのです。予備校の直前講習を取ったり、講習もない日は、予備校の自習室に行って、夕方まで勉強するようにしました。

このような方法を取った理由はおもに二つ挙げられます。一つは、模試で良い成績を取れていたので、変わったことをせず、今のペースを維持したほうが良いと思ったこと、そして、時間が豊富にあると思うと、逆にだれてしまう性格のため、多少の移動時間の無駄は生じても、メリハリをつけたほうがいいと考えたからです。

こうした工夫の結果、私は最後まで自分のペースを維持することができました。東大受験の当日も、普段通りに起きて、普段通りに家を出て、普段通りに電車に乗って東京まで向かったのです。そして、普段通りのペースで、試験に臨みました。

私がインタビューした東大理Ⅲ生たちも、塾の自習室などを利用していたという学生が半数以上で、いつも自宅で勉強したという学生は少数派でした。前述したコンフォート・ゾーンの話とも重なりますが、日頃の学習に関しても、自分が実力を発揮できる場所、自分のペースを維持して勉強できる場所を選ぶ必要があるのです。

さらに、試験にマイペースで臨むために、工夫すべき重要なことがもう一つあります。

実戦を意識した勉強パターンを取る

サッカーのホームとアウェイの話を前にしましたが、これを受験勉強に当てはめると、普段の勉強がホーム、受験本番はアウェイということになります。しかし、いきなりアウェイに挑むということは、自分のコンフォート・ゾーンから外れた場所で勝負をすることになります。これでは、十分実力を発揮できない可能性が高くなります。

この章で述べてきた、「毎日同じパターンを繰り返す」「最後までペースを維持する」といった方法は、受験本番を自分の「ホーム」に近づけるための有効な手段なのです。

この理論からすると、模試をたくさん受けて実戦慣れすることも有効ですし、時間とお金が許せば、併願校を多めにして、第一志望校の受験よりも前に何校か受験してみるのもいいでしょう。本番独特の雰囲気、慣れない受験会場での問題点なども、何度か経験しておけば、精神的にゆとりが持てるようになります。

普段の勉強も、なるべく実戦に近いパターンを取るといいでしょう。たとえば、東大の理系の数学だと、大きな問題が六題出題されます。普段問題を解く時も、適当な問題を六題ピックアップして、本番のつもりで時間も制限して解くと良いでしょう。

また、英語の問題などは、英文の分量が多いということで、解く前から「量の多さ」に圧倒されてしまう人も少なくありません。私が受験時代に調べた頃には、およそ教科書六ページ分の分量がありました。これに圧倒されないようにするためには、普段から同程度の分量をこな

実戦を意識した勉強スタイルを取る

すようにすれば良いのです。英語の教科書や参考書で六ページ相当を一日にこなす、あるいは読みやすいものを選んで、英語の原書を数ページ読んでも良いでしょう。最初は戸惑うかもしれませんが、数か月続けていけば、苦ではなくなるはずです。

試験の時差を解消する

日本からアメリカなどに行くと、半日以上の時差があるため、昼夜が逆転してしまい、数日間頭がぼーっとしたりします。人間の体にはサーカディアン・リズム（概日《がいじつ》リズム）といって、二四時間周期の一定の生理現象のリズムがあります。俗に言う「体内時計」というもので、たとえば、朝になると便意を催したり、夜になると眠くなるのも、こうした一定のリズムによるものです。

時差のある国に行くと、こうしたリズムが狂ってしまうため、体が適応するのに数日から一週間程度かかってしまいます。実は、試験勉強でもこのような「時差」が存在します。特に現役の受験生の場合、学校の授業はあまり受験に役に立たないから聞き流す、あるいは内職（授業と関係のない独自の勉強）をする。そして、放課後からが勉強の本番、夜になると一番効率が上がるという人も少なくないでしょう。

しかし、このようなパターンを続けていくと、一番頭が働く時間帯が夜で、試験が行われる日中は頭が冴《さ》えないという事態に陥りかねません。つまり、試験本番の時は、時差のある国に行ったような状態になってしまうのです。これでは、本番で十分力を出せない可能性があります。では、どのような対策を立てたらいいでしょうか。

試験本番に頭の働きがピークになるようにするためには、本番に合わせたパターンで勉強する必要があります。たとえば、試験本番の午前中に英語と数学の試験があるとします。この場合、本番と同じ午前の時間帯に英語と数学の勉強をするのです。

学校の授業がある間は、このような取り組みは難しいですが、受験直前の一か月ほどであれば、このような「時差の修正」が可能なはずです。

なるべく、本番に近い雰囲気で、本番に近い意識で、普段から勉強に取り組むことによって、試験本番の会場をあなたのコンフォート・ゾーンに近づけることができるのです。

処方箋 五　**【イチローの法則】**

一、毎日同じパターンを繰り返し、集中力を高める。

一、受験まで、同じ生活パターンを維持する。

一、実戦になるべく近いパターンで勉強する。

第六章

努力しているのに結果が出ない

＊何としても二階に上がりたい、どうしても二階に上がろう。
この熱意がハシゴを思いつかせ、階段を作りあげる。
上がっても上がらなくても……
そう考えている人の頭からは、ハシゴは生まれない。

松下幸之助（松下電器（現パナソニック）創業者）

努力しているはずなのに結果が出ない。そんな人は努力の方法自体が間違っている可能性があります。間違った方法を続けていても、成果を得ることはできません。違う結果を得たいなら、違う方法、正しい方向へ進める道を探す必要があります。この章では、その方法を説明していきます。

努力をしても結果が出ないのはなぜか？

受験に関する話をすると、「勉強のコツが知りたい」とか、「もっと具体的な勉強法を教えて欲しい」といった声を耳にします。しかし、受験勉強にそれほど特殊な方法があるのでしょうか。私自身の経験から言っても、受験に合格するための特殊な方法は特に存在しませんし、私がインタビューした東大生も全員、オーソドックスな勉強方法をしています。

合格者に言わせれば、「当たり前のことを、当たり前にやった」結果として、東大合格という目標に辿り着いているのです。

「みにくいアヒルの子の法則」（七〇頁）の中で書いたように、天才と呼ばれる人たちは、実は人一倍努力をしています。そして、「イチローの法則」（一三六頁）で書いたように、努力を継続していかないと、大学合格というゴールには到達できないのです。本書をここまで読み進められた方は、それを理解していただけたと思います。

しかし、ここで一つの疑問が湧き起こります。それは、「努力をしているのに、結果が出ない人がいるのはなぜか？」というものです。

「努力をしているのに結果が出ない」と思っている人の問題点は、大きく二つに分けられます。一つは「努力をしていると思い込んでいる」タイプです。そしてもう一つは、「努力はしているが、方向性が間違っている」タイプです。

「努力をしていると思い込んでいる」とは、どういうことでしょうか。前述した『7つの習慣』の中に、物事を「重要なこと」と「重要でないこと」に分け、「重要なこと」を優先しなさいという話が書かれています。受験において、最も重要なことは「勉強すること」です。

「重要なこと」を優先する

私たちは日常生活のあらゆる場面で、「次に何をするか」という選択を迫られています。ただし、重大な決断をしているという意識があまりないので、普段そのことに気づかずにいます。たとえば、学校帰りに友達が「ゲームセンターに行こう」と誘ったとします。ここであなたは、「真っ直ぐ家に帰って勉強するか」「友達とゲームをするか」という選択を迫られているのです。ゲームを選んでしまえば、それだけ勉強の時間が減ってしまいます。さらに家に帰ってから、携帯のメールをチェックしたとします。一つひとつはたいした時間がかからないように思えても、積み重なれば馬鹿になりません。ここでも、「勉強をするか」「携帯のメールをチェックするか」という選択肢があるのですが、それを重大な選択だとは認識していないので、無意識のうちにメールをチェックしてしまうわけです。

こうして、本来勉強に当てるべき時間がどんどん浪費されていきます。結局、その日にやる予定だった勉強は、先送りにするか、睡眠時間を削って夜遅くまでやるしかありません。夜遅くまで勉強すると、すごく努力をしたような気分になります。しかし、この認識が間違っているのです。初めから「重要なこと」、つまり勉強に時間を当てていれば、夜更かしする必要もなかったのです。それどころか、もっと勉強が進んだかもしれません。仮にその日はノルマを達成できたとしても、翌日寝不足になっては、また予定が狂ってしまいます。眠くて勉強ができず、早めに寝てしまうといった事態にもなりかねないのです。

このように、「努力していると思い込んでいる」タイプの人は、日常の中で、無意識のうちに選択を誤っているのです。もっと「重要なこと」を優先すれば、勉強時間を増やし、効率を上げることが可能なのです。私がインタビューした東大生の半数は、高校時代に携帯電話を所有していませんでした。持っていても、しょっちゅうメールをしていたという学生は一人もいませんでした。彼らは、自分にとって今何が重要かということを認識し、目標に向かって努力しただけなのです。

努力の方向性とは何か？

次に、「努力はしているが、方向性が間違っている」タイプについて考えてみましょう。
たとえば、あなたが富士山に登る時、どのようにするでしょうか。登山ルートはいくつかありますが、いずれのルートを選ぶにしても、五合目までは車で行って、そこから歩いて登るのが一般的でしょう。

よほど悪天候でなければ、頂上が見えますし、もし見えなくても、他に頂上を目指している人がたくさんいますから、同じ方向に行けばいいわけです。そして、ほとんどの人が頂上まで登ることができます。

このように誰でも登れるなら、富士登山は簡単なのかというと、決してそんなことはありません。八合目、九合目と登っていくにつれて、空気も薄くなり、斜面も険《けわ》しくなります。呼吸も苦しくなり、足を一歩踏み出すのすら、辛くなってきます。

それでも一歩一歩、歩いていけば、いつしか頂上に到達できるのです。最初は、はるかかなたに見えていた頂上、「あんな所まで登れるだろうか」、「いったい何時間かかるだろう」と思っていた頂上に、意外と早く辿り着くことができるのです。

なぜ、富士山に多くの人が登れるのか？

受験勉強も富士登山と同じなのです。一歩一歩、歩いていく以外に方法はありません。

しかし、思うように目標を達成できない人がたくさんいます。この両者の違いとは何でしょうか。

なぜ、富士山に多くの人が登れるのか、その理由はおもに二つです。

一つは、「常に頂上が見えていること」、もう一つは、「みんなが登っているから」です。頂上が見えている、つまりゴールが見えていれば、方向を迷う心配がありません。常にゴールの方向に向かって進んでいけば、必ず辿り着けます。

ところが、受験勉強に取り組んでいる場合、今やっていること、つまり、今受けている授業、今やっている勉強、今やっている問題集、今取り組んでいることが、自分を頂上に向かわせているのかどうか、判定がしづらいのです。つまり、着実に力がついているのか、わかりにくいわけです。

みんなが登っているから――これも重要な要素です。実は富士登山はとてもきついのですが、みんなが登っているので、自分も行けそうな気になるのです。いわゆる集団心理というものです。中には疲れて途中で座り込んでいる人もいますが、そういう人のほうがむしろ少数のため、自分も多数派に入れそうな気になるのです。一流進学校で、周囲のペースに合わせて勉強していけば、自然に力がつくというのと同じパターンです。もし、山に霧が立ち込めていて、頂上も登山道も見えず、ほかに登山者もまったくいなかったら、どうなるでしょう。道に迷って、まったく違う方向に行ってしまう可能性が高まるでしょう。

受験にかぎらず、何か遠くの目標を達成しようとする時、私たちは、このような「五《ご》里《り》霧《む》中《ちゅう》」の状況に立たされることが多いのです。進むべき方向がわからないために、努力の方向性を間違えてしまう人が多いのです。

軌道修正のためにはフィードバックが必要

努力の方向が間違っていては、いくらがんばっても良い結果は出ません。では、どうやって軌道修正すれば、良い成果が出るようにできるのでしょうか。そのためには、まずフィードバックが必要になります。

「フィードバック」とは何のことかというと、たとえば、増幅器や自動制御などの電気回路で、出力に応じて入力を変化させることです。私たちの身近なものだと、エアコンがいい例です。冬で室内の温度が低い時に、エアコンをつけると暖かい空気が出て部屋を暖めます。しかし、設定した温度よりも高くなったら、それを感知して温風の出力を減らします。そして、温度が設定より下がってきたら、また温風を増やすわけです。このように、室温という「結果」を常に参考にして、温風の調整をしているわけです。

心理学や教育学でも、行動や反応を、その結果を参考にして修正し、より適切なものにしていく仕組みをフィードバックと呼んでいます。こうしたフィードバックの仕組みは、私たちの体の中にも備わっています。たとえば、体内では、血圧を上げるホルモンや、逆に血圧を下げるホルモンが分泌されています。それぞれの分泌量やバランスによって血圧が変わってくるわけです。そして、一部の血管には圧力を感知するセンサーがあります。そのセンサーが、「血圧が高い」と感知すると、脳は血圧を上げるホルモンを減らし、血圧を下げるホルモンを増やすようにするのです。

受験勉強にも、このようなフィードバックの仕組みを取り入れることで、軌道修正が可能になります。そのためには、まず問題点を浮き彫りにする必要があります。

アウトプットを重視する

何かを学ぶということは、まず基本となる知識を頭に入れなければいけません。英語の勉強であれば、単語を覚えたり、文法を覚えたり、構文を覚える必要があります。数学なら基本となる定理を覚えたりするのが、それに当たります。このように基本的な知識を詰め込む作業がインプットとすれば、それらを使って結果を出すのがアウトプットになります。

英語なら英文をきちんと和訳できたり、日本文を英訳できることがアウトプットですし、数学なら学んだ知識を使って問題を解けることが正しいアウトプットと言えます。つまり、どんなに多くの知識を詰め込んでも、期待した結果が出なければ意味がないのです。

「結果よりも努力した過程が重要だ」といった話もよく耳にしますが、受験においては問題を解いて正解を出さなければ合格できないので、「期待した結果」が得られなかったということは、「努力が足りなかった」のか「努力のプロセス（過程）に問題があった」かのいずれかに原因があると言わざるを得ないでしょう。

受験が終わってから、このような検討をしても遅いので、もっと早くからフィードバックをかける必要があります。自分がどれだけアウトプットできるのか、つまり、どの程度問題を解けるのか、きちんと評価をして、それに対する対策を立てる必要があるのです。

　自分の実力を評価する方法としては、やはり模擬試験を受けるのが一番でしょう。たとえば、東大の場合ですと、大手の予備校が東大の入試に則した模擬試験を行っていますから、それを受けることで、自分がど

8月	9月	10月	11月	12月
全国模試			東大模試	
和文英訳いま一つ ↓ 参考書C開始				

の程度の力なのか、弱い部分はどこなのかを評価することができます。

問題点を「見える化」する

模擬試験を受けることによって、問題点が見えてきます。英語なら、英文和訳は得意だが和文英訳の点数が低いとか、英単語のボキャブラリーが足りないとか、ヒアリングが弱いといったようにです。

受験に必要なすべての科目で、このような自己評価をしていきます。そして、ここで大事なポイントがあります。こうした自己評価や、学習

図6　学習過程での問題点の「見える化」の具体例

過程における問題点を、頭の中だけにしまっておくのではなく、書き出すということです。最近の表現で言えば「見える化」です。

図6のように、今やっている勉強法、参考書などを書き出します。そして、それをいつまでに終えるかという、おおまかな期間を記入します。模試の時期もわかるようにします。

また、勉強を進めていく過程で、何か問題点があれば、それを書き出していきます。たとえば、英単語のボキャブラリーが不足していて、それが英語の成績全体に悪影響を及ぼしているのであれば、「単語力不足」というふうに記入します。次に、その問題点への対策を考えます。しかし、いい対策をすぐに思いつくとはかぎりません。ですから、ここで長時間考え込む必要はありません。少し考えて、いい対策が思いつかなければ、とりあえず、そこまでで終了します。

このようなシートを全教科作成し毎朝チェックするようにします。慣れれば、数分から一〇分程度ですみますのでそれほど時間はかかりません。この作業をすることで、問題点が見つかり、志望校合格へ向けての軌道修正が可能になるのです。

自分に必要なものが見つかる「カルタの法則」

こうして、自分の問題点を「見える化」することで、今の自分に足りないものや改善すべき点が見えてきます。この作業を毎朝することで必要なものが見つかるようになるはずです。

たとえば、一四八～一四九頁の図6のように「単語力を強化したい」というテーマがあったとします。これを意識していると書店に入った時に、自然と英単語関連の参考書が目にとまるのです。そして、その中から自分に必要な参考書が見つかるはずです。

なぜ、このような現象が起きるかというと、人間の脳には、自分に必要な情報と、必要でない情報を選別する能力があるからです。

カルタをやったことがあると思いますが、たくさんのカードが並んでいる中で、「犬も歩けば…」と読みあげられた瞬間に、参加者全員が「い」のカードを探し始めます。そして、一瞬のうちにカードが見つかります。実は、「犬も」と読みあげられる前から、「い」のカードは、あなたの視野に入っているのですが、その時は特に意識をしていないので、何とも思っていないのです。ところが、「犬も」と読みあげられた瞬間に、「い」のカードは、あなたに必要なものに変わるのです。その瞬間、あなたの脳は「い」のカードを必死で探しまわるのです。

こうした脳の特性を十分に活用するために、あなた自身の脳に今何が問題で、何が必要なのかを意識させる必要があるのです。いわばアンテナを立てた状態にするのです。見えないアンテナを立て自分に必要な情報を探すのです。ただし、自分の課題を四六時中意識する必要はありません。毎朝、必要な情報をインプットしておけば、表面上は忘れているように見えても、脳は無意識レベルでそのことを覚えています。ですから、何気なく書店に立ち寄っても、自分の気になる参考書が目に入るのです。さらに言えば、書店に入ること自体、あなたの脳が「この中に何かありそうだぞ」という電波を、アンテナでキャッチしたとも言えます。

必要な勉強は人によって違う

どんな勉強法がいいか、どんな参考書で勉強したらいいか。誰もが関心を持つテーマですが、すべての人が同じ参考書を使えばいいというものではありません。なぜなら、その人の習熟過程、実力の程度によって必要となる参考書も違ってくるからです。

たしかに定番と言われるような参考書はあります。たとえば、私が実施した東大理Ⅲ生へのアンケートでは、物理の参考書として『難問題の系統とその解き方』を挙げた学生が半数以上を占めています。しかし、この本はタイトル通り「難問題の解き方」を学ぶ本ですから、物理の基礎が頭に入っていない人が、いきなりこの本に飛びついても効果は期待できないわけです。そういう受験生は、もっと基礎的な参考書や問題集をこなしたあとで、こうした上級編的なものに移行しなければなりません。

したがって、自分の現状をしっかり分析した上で、どういう勉強が必要か、どういう参考書、どういう塾が必要かということを見極めなければいけないのです。自分の学校に東大に合格した先輩がいたとしても、その先輩が薦めた参考書をいきなり始めるのではなく、いろいろな情報を参考にした上で、本当に必要なものを選択するべきなのです。

そのために、「カルタの法則」が必要になるのです。

学問に王道はないが、多少の近道はある

前述したように、勉強でもスポーツでも、高いレベルに到達するまでには、それなりの時間がかかります。「学問に王道なし」と言いますが、地道に努力を積み重ねていかなければ、実力はつけられないのです。

図7は、学習曲線を表したものです。通常私たちは、①のような直線を想定します。つまり、勉強したら、それに比例して力がついていくと思い込んでいます。

ところが、実際には②のようなパターンで学力が上がっていくのです。最初の頃はなかなか目に見えるようには力がついてきませんが、忘れた頃になってようやく、指数関数のような上昇カーブを描き始

図7　学習曲線

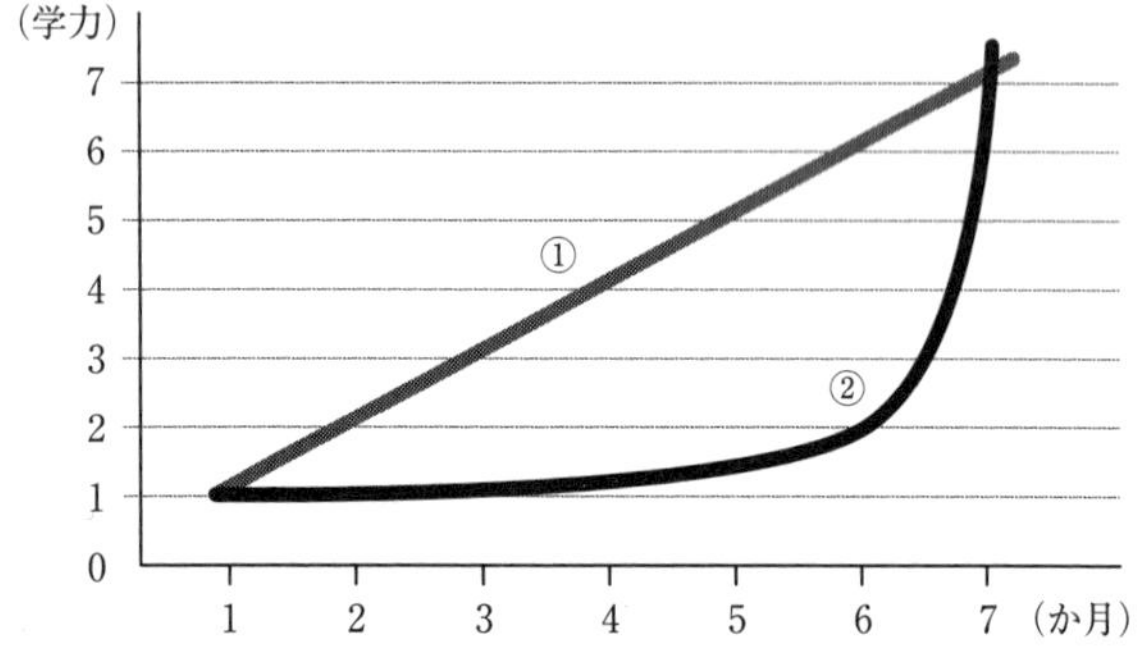

めます。このことを認識して、地道に勉強を続ける必要があるわけです。

とは言うものの、受験までの時間はかぎられています。かぎられた時間内に、少しでも早く力をつけたいと思うのは誰しも同じでしょう。ここで役立つのが、「モデリング」という方法です。

モデリング

「モデリング」とは、すでにある分野を極めている人、コツを知っている人から学んだり、真似《まね》をしたりする方法を言います。たとえば、初心者がゴルフを始めたとして、完全に自己流でやった場合は、試行錯誤の連続で、上達するのに時間がかかります。しかし、レッスンプロにコツを教えてもらえば、もっと早く上達することができます。これと同様なことが、受験にも当てはまるのです。

予備校でも有名な講師、教え方が上手い講師というのは、人気があります。中には立ち見まで出る講師もいます。彼らは、自分の科目に習熟しているのは当然ですが、どうすれば生徒が理解しやすいか、早く力をつけられるかという「ツボ」を押さえているのです。ですから、そういう講師に教わることで、自習するよりも早く力をつけられるのです。これも一種のモデリングなのです。

こうした概念を意識するだけでも、いろいろなところに応用が利きます。たとえば、難しい数学の問題を何時間も、あるいは何日間もかけて自力で解く人がいます。解けた時の達成感は素晴らしいものがあるかもしれませんが、受験勉強としては、非効率的と言わざるを得ません。

ここでも、モデリングの考え方を使えば、最初はまず、お手本となる解き方を真似すればいいのです。それらを理解して覚えられたら、改めて難問に挑めばいいのです。最初に決めたやり方がベストな方法とはかぎりません。より最短でゴールに近づくために、「カルタの法則」を活用するのです。

常に順風満帆とはいかない。問題が起きるのは当然と考える

受験にかぎらず、何か目標に向かって進んでいる時に、人間はつい物事が順調に進むことを期待してしまいます。しかし、実際は期待通りに進むほうが少なく、予想を下回

る結果が出ることもありますし、逆に予想外にいい結果を得られる場合もあります。

都会で歩道を歩いていると、わが物顔で自転車を飛ばしている人を見かけます。歩行者がいて通れないと、けたたましくベルを鳴らし、「そこをどけ」と言わんばかりの勢いで、歩行者の横をすり抜けていきます。このような人は、「自転車はスムーズに走れるのが当然」だと思っています。しかし、本来歩道は歩行者優先ですし、大勢の歩行者がいるわけですから、順調に走れるはずがないと考えるべきなのです。

このように、「何事も順調にいくのが当然」だと思っていると、試験で予想外に悪い成績を取った場合に、ひどく落ち込んでしまいます。しかし、前述したように、受験生は成長の途上にいるわけですから、試験の結果というのは、ある時点での実力を推し測る物差しにすぎないわけで、それが悪かったということは、準備の過程に何か問題があったと考えればいいわけです。

このような発想は、物事を悲観的に考えることとは異なります。あくまでも起こりうる事態を想定して、実際何か問題が起きた時にも慌てずに対処する習慣をつけるべきなのです。

たとえば、受験の当日、試験会場にぎりぎり間に合うように出発したらどうなるでしょうか。電車が人身事故などで遅れる可能性もありますし、途中で腹痛のためにいったん下車しなければならなくなるかもしれません。このような事態を「不測の事態」として捉えるのでなく、「想定の範囲内」として捉えていれば、余裕を持って出発し、途中で少々のトラブルが生じてもそれほど焦らずにすむのです。

目標を見失わず軌道修正する

志望校合格という目標を達成するまでには、多くの困難があります。それを乗り越えて目標を達成するためには、軌道修正が必要になります。目標に向かって一直線に進める人などいません。ロケットのように、しばしば軌道から外れそうになりますが、そこで上手く軌道修正できた人がゴールに辿り着けるのです。

そのために必要なポイントは二つだけです。一つは、目標を見失わないこと。富士山に登る時、常に頂上に向かって進むように、大学合格という目標に向かって少しでも進むように、軌道を修正するのです。

そしてもう一つは、自分の問題点を浮き彫りにして、自分に必要なものを探すということです。そのために、「カルタの法則」を活用しましょう。

この二つのポイントを忘れずに受験勉強に励んでいただければ、ゴールに向かって進んでいけるはずです。

受験に奇跡は起こらない。
確実に合格するための唯一の方法

定期試験の勉強が十分できず試験まで間に合わない時に、山を張ったことがある人も多いでしょう。運良くその範囲が出題されれば、高得点を取れる可能性もあります。大学入試の場合にも、同じように幸運を期待する人も少なくないはずです。自分の得

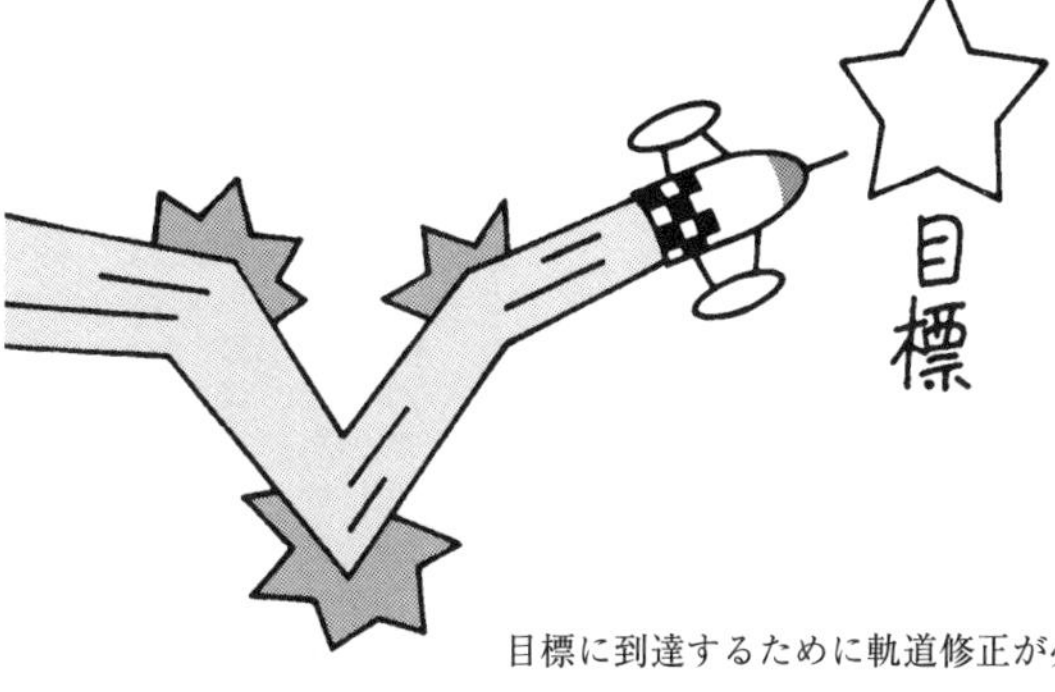

目標に到達するために軌道修正が必要

意な分野が出題されれば、普段より高い得点が取れるかもしれませんし、一度やったことのある問題が出題されることも稀《まれ》にはあります。

しかし、そのような幸運にめぐり合う確率は極めて低いですし、仮に一つの教科で一問だけ得をしたとしても、それ以外の教科には関係ありません。多少気分よく、次の教科を受けられるかもしれませんが、その程度で合格できるほど受験は甘くはありません。

はっきりと言えることは、受験に奇跡は起こらないということです。他力本願的な考えでは、受験の壁を確実に乗り越えることはできないのです。では、どうすれば、志望校合格を確実なものにできるでしょうか。合格の可能性をかぎりなく一〇〇%に近づけるには、どうしたらいいでしょうか。

そのための方法は一つしかありません。それは、「実力をつける」ということです。私が子どもの頃、『宇宙戦艦ヤマト』(一九七四年、監督松本零士、讀賣テレビ放送・日本テレビ放送網で放映)というアニメが人気でした。このアニメでは、ヤマトの最終兵器「波動砲」を発射する時、「エネルギー充塡《じゅうてん》八〇%」「エネルギー充塡一〇〇%」と徐々にエネルギーを充塡していき、最後は「エネルギー充塡一二〇%」と、なぜか一〇〇%を超え

ながらに、一〇〇%を超えるのは、おかしいのではないかなどと思っていましたが、受験に関する実力は、このヤマトの波動砲方式でいく必要があるのです。子どもながらに、一〇〇%を超えるのは、おかしいのではないかなどと思っていましたが、受験に

仮に志望校に確実に合格できる実力が一〇〇%だとします。これを本番ですべて発揮できれば、合格は可能ですが、「本番で一〇〇%の力を発揮できる」と期待すること自体が、希望的観測なのです。本番で十分な実力を発揮できる可能性は低いと考えるべきであり、そうであれば、実力の八〇%程度しか発揮できなかったとしても合格できるレベルを目指さなければいけないのです。したがって、確実に合格できるレベルをはるかに超えた、一二〇%の実力をつける必要があるのです。

受験本番は、誰もが不安な気持ちを抱えています。呼吸を整えたり、瞑想《めいそう》をしたり、様々な工夫で、気持ちを落ち着けることも必要です。しかし、実力のないところに揺るぎない自信は生まれません。「これだけやったんだから、落ちるはずがない」、そう思えるレベルまで実力をつければ、自ずと自信を持って受験の本番に臨めるはずです。

処方箋 六　【カルタの法則】

一、努力の方向が間違っていれば
結果が出ない。

一、目標に向かって進むために、
軌道修正が必要。

一、問題点を浮き彫りにし、
自分に必要なものを探す。

自分にとって必要なものは
意識すれば、見えてくる

第七章

受験の後遺症を癒やす

*良いとか悪いとかいうことはない。考えがそれをそのように作るのだ。

There is nothing either good or bad , but thinking makes it so.

ウィリアム・シェイクスピア（イギリス　劇作家）

『バック・トゥ・ザ・フューチャー』（一九八五年、アメリカ、監督ロバート・ゼメキス）という映画がありました。タイムマシンで過去へ行き、過去の事実を変えることで、未来も変えるというストーリーでした。

もし、タイムマシンがあれば、私たちも過去に戻って、受験をし直すことができますが、現実の世界ではそれは不可能です。過去の事実は変えることができないのです。

しかし、「過去の事実」は変えられなくても、「過去の事実に対する認識」は変えることができます。そして、未来も変えることができるのです。

そんなタイムマシンの使い方をこの章で解説します。

合格者にも後遺症が存在する

春先、各大学の合格発表が行われます。志望校に合格する者、不合格になる者、ここで道がはっきりと分かれます。その中間は存在しません。受験戦争だけに焦点を当てれば、勝者と敗者という言い方もできますが、それはあくまで受験だけの話であり、そもそも人生に勝ちも負けもないので、敢えてそういう表現は避けたいと思います。

さて、志望校に合格すれば、「受験という病」から抜け出せるかというと、事はそれほど簡単ではありません。たとえば、難関大学、自分の目指した大学に合格したとしても「受験という病」の後遺症が残ります。

まず顕著なことは、多くの学生が目標を失ってしまうことです。本書で再三述べてきたように、受験が最終ゴールであるかのように考えていると、合格した瞬間に目標がなくなってしまうのです。入学後、勉強をするでもなく、スポーツに打ち込むわけでもなく、無意味に時間を過ごしてしまうようになります。

次に問題なのは、過剰なエリート意識を持ってしまうことです。「一流大学合格」というのは、すでに過去の栄光なのですが、そのことに気づかない学生が多いのです。大学入試で好成績を収めたということは、「大学受験という分野」で十分努力し、優れた能力を発揮したということです。これは、たとえるなら、野球を一生懸命やった生徒が「甲子園」に出て活躍したのと同じことです。野球の上手い生徒が、他の分野でも秀でているとはかぎらないように、大学受験が得意だった生徒が、大学入学以降の勉強や仕事でも優れているとは言えないわけです。

それにもかかわらず、「自分は難関大学に合格したのだから、どんな分野でも優れている」といった、間違った、根拠のないエリート意識を持ってしまう学生が多いのです。

大学合格の意外な副作用

もう一つ、意外と知られていない問題があります。それは、一流大学に合格することによって進路が狭《せば》められてしまうということです。これが一番顕著なのは医学部です。医学部に入った学生は、ほとんど医者になります。これを当たり前だと思っている人が多いと思いますが、二〇歳にも満たない年齢で、生涯の進路を決定してしまうというのは、実は多くの問題をはらんでいます。「本当はほかの仕事がしたかった」という人もいるでしょうし、実際ほかの仕事のほうが適している人もいるわけです。ところが、受験でふるいにかけられたあとは、もはや他の選択肢をほとんど選べないのです。

医学部ほどではないですが、他の学部でも同じような状況は存在します。「自分は東大出身だから、こんな仕事はできない」とか、「最低でも、このくらいの会社に入らないと」といった感じで、無意識のうちに進路を狭めているのです。

人間の脳は、無意識のうちに自分を正当化する習性があります。心理学では、これを「認知的不協和」と呼んでいます。これは自分の考えと行動の間に不協和、つまり、辻褄《つじつま》が合わない部分が生じると、無意識のうちにそれを正当化するのです。代表的な例としてタバコが挙げられます。タバコが有害かどうかよくわからずに吸っていた人に対し、「タバコを吸うと肺がんになりやすい」という〝新しい事実〟が提示されたとします。するとと、行動と事実の間の矛盾に対して不快感が生じます。つまり、「本当は良くないことだと知りながら、それを続けている自分」に対して、無意識のうちに矛盾を感じてしまうのです。すると、その人はタバコを止《や》めるか、事実を否定することで矛盾を解消しようとします。しかしタバコには依存性があり、止めるのは困難です。そこで事実のほうを否定して矛盾を解消しようとするのです。「タバコを吸っていても長寿の人もいる」とか、「肺がんよりも、交通事故で死亡する確率のほうが高い」といった反論をして、自分の行為を正当化しようとするのです。

同様に、「医学部に進学した」という行動と、「医者になりたくない」という矛盾した事実が存在した場合、その学生は「私は実は昔から脳神経に興味があった。だから将来は脳外科医になりたいんだ」といった具合に、いつの間にか自分の行動を正当化する考えを持つようになるのです。

冒頭で述べた「偏差値教育」の影響で、優秀な生徒が東大理Ⅲをはじめとする医学部進学コースに集中しているのは事実だと思います。しかし、偏差値に囚われず、本人の希望や適性でもっと幅広い分野に人材を振り分けたほうが、日本のため、ひいては世界のためになるのではないかと考えるのは筆者だけでしょうか。

不合格者における後遺症

受験で志望校に合格できなかったことが、トラウマとは言わないまでも、心の傷として残っている人も少なくないはずです。合格か不合格か、その差は紙一重です。東大の場合、定員が決まっていますから、仮に一〇〇人の定員のところで、一〇一番目の人は、どんな理由があろうと不合格になってしまいます。たとえ、一〇〇番目の人との点差が一点だけだったとしてもです。

わずか一点の差で、その後の人生が大きく変わってしまうのですから、とてもシビアな世界と言えます。「なぜ自分は不合格になったのか？」「あの時、もっとがんばっていたら」、このような想いをずっと抱き続け、受験の光景が夢にまで出てくる人もいます。

私の場合、一年浪人して東大に合格できましたが、実は高校受験では第一志望の高校に不合格になり、大学受験も現役の時は落ちています。もし、途中のどこかで諦めていたら、東大に入ることもできず、同じような想いを抱えていたことでしょう。

志望校への夢をあきらめず、しかも本書で解説してきたような、きちんとした戦略の下に勉強を進めていけるなら、一年や二年浪人してがんばるのも悪くないと思います。実際、私の医学部の同級生には、三六歳で東大理Ⅲに合格した人がいます。その人は、他の大学を卒業した後、一一回東大にチャレンジし続け、ついに合格を勝ち取ったのです。現役で合格した生徒は一八歳ですから、入学時の年齢はダブルスコアですが、その後無事、医者になって幸せな人生を送っています。

この人の場合も、途中で諦めていたら、まったく違う人生になったわけで、どの道を選ぶのが良いかということは一概には言えません。最終的には自分で決めるしかないのですが、一つだけ言えるのは、本書で述べてきたような「目標に向かって進む努力」をせずに、浪人を続け、いたずらに時間だけ費やしてしまうというのは、お勧めできないということです。やるからには期限を決めて、それまでに絶対決着をつける覚悟で臨んで欲しいと思います。

悪夢は繰り返すのか？

先日もある男性から相談を受けました。その人は現在四〇歳で、現役の時に東大に不合格になったことをずっと悔やんでおり、できれば再受験をしたいという相談でした。私は、その人にお会いして詳しく話を聞きました。

相談者は、関西のある有名進学校の出身で、現役の時に東大を受験したのですが、不合格となり、第二志望の大学に進学しています。卒業後は、一部上場の企業に勤め、現在ではそれなりのポジションで働いています。しかし、現役時代に東大に不合格になったことが、どうしても心に引っかかってすっきりしないと言います。親戚にも東大出身者が多く、職場でも東大出身者が数名いるため、彼らと接するたびに自分の過去の不合格になった嫌な記憶が蘇ってしまうのだそうです。

そうした「心の傷」を完治させるために、もう一度東大を受験して合格したい。そのためには準備が必要だが、今の仕事は忙しく、受験勉強になかなか十分な時間が取れない。でも、いつか、できることなら東大を受験したい、そう話していました。

この人の話を聞いてわかったことは、この人は「東大合格という目標に向かって進む努力を十分にしていない」ということ、そして「東大合格の先にビジョンを持っていない」ということでした。つまり、東大に合格して自分が何をやりたいのか、社会のためにどんな貢献ができるのかというビジョンなしで、ただ単に東大合格だけを目標にしていたのです。それではいけないということは、本書でさんざん説明してきた通りです。

私は、その人に以下のようにアドバイスしました。

「もし、あなたが東大に合格できれば、長年の東大に対する想い、悩みを晴らせるかもしれない。でも、よく考えてみてください。東大の合格定員は決まっています。あなたが合格すれば、その分誰かが不合格になります。仮にそれが一八歳の若者だとして、彼も二〇数年後にあなたのような想いを抱くかもしれないんですよ。それでも、あなたが東大に入らなければならない理由があるなら、ぜひ受けてください。その時は私も協力します」

困ったことは起こらない

志望校に合格したとか、不合格だったという事実はすでに過去に起きた出来事です。私たちはタイムマシンで過去に戻ることはできませんから、すでに起きてしまった出来事を変えることはできません。しかし、過去の出来事に対する認識を変えることはできます。

日本の高額納税者番付で過去二度も一位になった斎藤一人《ひとり》さんという人が書いた『変な人の書いた成功法則』という本があります。その中に「困ったことは起こらない」という一節があります。これはどういう意味かというと「災い転じて福となす」とか「人間万事塞翁が馬」とったことわざを言い換えたような意味です。つまり、自分の身のまわりで起きた出来事に対して、困ったと思ってしまうから困るのであって、困ったと思わなければ、何も困らないのです。

たとえば、宝くじで三億円当たった人がいたとします。みなさんがもし宝くじで当たったら、どう思うでしょうか。「三億円当たった」という事実は、みな一緒です。しかし、それに対する解釈や認識は人によって異なります。「自分はなんて幸運なんだ」と思う人もいれば、逆に「これは困った。大変なことになった」と思う人もいるのです。

なぜ、「困った」と思うのか。それは、三億円当たったことを聞きつけて訪ねてくる人が大勢出てくるからです。それによって、親戚関係、友人関係がぼろぼろになってしまう人も実際にいるのです。

では、あなたの三億円に人が群がってくるのは、本当に「困ったこと」なのでしょうか。これも実は解釈次第なのです。そもそも、あなたが持っていなかったお金が降って湧いたようなものです。あなたは、そのお金がなくても困らないわけです。そうであれば、あなたのお金を欲しがる人たちに少しぐらい分けてあげたとしても、全然困らないわけです。むしろ、お金に困っていた友人から感謝されて、将来反対に助けてもらえるかもしれません。「これは、自分のお金だ。誰にも渡さないぞ」と思っているから、人に取られそうになると、困ってしまうのです。

過去も未来も変えるタイムマシンの法則

前述したように、嬉しいことや楽しいことを想像すると、脳内でドーパミンが分泌されます。そうすると、人間は元気に行動できます。しかし、自分は不幸だと思ってしまったら、やる気のホルモンは分泌されません。したがって、事実に対する認識の違いは、実は脳の働きも変えてしまうのです。そして、脳の働きが変わるということは、人間の行動まで変わってしまうということなのです。

志望校に不合格になったからといって、不幸なことが起きるでしょうか。実は案外、良いことのほうが多いかもしれません。私自身は高校受験では第一志望の高校に不合格になりました。そして、偶然進んだ高校で、生涯の友と呼べる多くの仲間と出会うことができました。彼らと切磋琢磨した結果、東大に入ることもできましたし、今でも親交を持つことができています。

このように、何かを得られなかった代わりに、多くのものを得られる場合もあります。反対に、何かを得た代わりに、多くのものを失うこともあるのです。合格か不合格。受験には必ず結果がついてきます。その事実をどう認識するかは、その人次第なのです。

そして、正しい認識さえすれば、困ったことは起こらないのです。
過去を振り返り、過去を悔やむのではなく、前を向いて進んでいけば、その先には明るい未来が待っているはずです。今すぐタイムマシンに乗って、過去の記憶を変えに行きましょう。過去に対する認識が変われば、現在に対する認識も変わります。そして、あなたの未来も明るく変えることができます。これが、タイムマシンの法則です。

We all have our time machines, don't we. Those that take us back are memories... And those that carry us forward, are dreams.
人は誰でもタイムマシンを持っている。
過去へは記憶が、未来へは希望が連れていってくれる。

映画『タイムマシン』(二〇〇二年、アメリカ、監督サイモン・ウェルズ)

処方箋 七 **【タイムマシンの法則】**

一、合格、不合格というのは単なる事実にすぎない。
一、それをどう認識するかは自分次第。
一、認識が変われば、脳の働きも変わる。
一、脳の働きが変われば、行動も変わる。
一、行動が変われば、結果も変わる。
一、結果が変われば、人生も変わる。

おわりに

◆なぜ私が受験にこだわるのか？

私が医学の道を志したきっかけは、小学校五年の時、母が病気で亡くなったことでした。約半年間、ほとんど入院したままだった母は、そのまま帰らぬ人となりました。その時、私が思ったことは、「どうして助からないとわかっているのに、家族と一緒にいさせてもらえないのだろう。たとえ寿命が三か月縮んだとしても、残りの三か月家族と一緒にいられるのなら、そのほうがいいではないか？」ということでした。今思えば、延命だけを治療効果の指標とする西洋医学のあり方を子どもながらに疑問視していたのでしょう。

私が生まれた家は田舎の米屋で、大学受験とはまったく無縁な環境でした。母は教育には比較的熱心でしたが、母の死後は受験に関して助言をしてくれる人は周囲におらず、友人たちが中学受験をする中、私は地元の公立中学に進みました。

中学校一年生の時、たまたま街の書店で見つけた『入江塾の秘密』という本に感銘を受け、私は東大理Ⅲ受験を決意しました。入江塾というのは、当時関西で有名だった進学塾で、開設者の入江伸《いりえしん》先生が「人間七分学力三分」をモットーに、独自の指導法で成果を上げ、灘高や鹿児島ラ・サール高に多くの合格者を輩出していた塾です。

東大に入学するためには、東大に多くの合格者を出している高校に行くべきだと思い、私は都内の有名進学校受験を目指しました。しかし、中学校三年の六月、受験生にとって大事な時期に怪我《けが》で一か月入院する羽目になったのです。一日入院して安静にすると筋肉が〇・六％減少するといわれますが、一か月の入院による体力低下は相当なものでした。退院して学校に通い始めても、学校から帰るとぐったり疲れてしまい、夕食のあとは朝までぐっすり寝てしまう状態がしばらく続きました。体力が回復し、まともに勉強できるようになったのは一〇月でした。自分なりにがんばりはしたものの力が及ばず、第一志望の高校は不合格となり、無名の新設校に進むことになったのです。

小学校五年と、中学校三年の時に私に訪れた二度の試練は、どちらも医療とかかわりが深く、「もっといい医療はないのか？　理想の医療とは何か？　自分の力で医療を良くできないか？」といった思いが、いつしか私の原動力となり、医学部進学へと向かわせました。

すでに母の死から三〇年あまりが経ち、医師としてそれなりの仕事をし、成果を上げてきたつもりですが、気づけば、日本の医療は地方を中心に深刻な医師不足に陥っていました。私の専門は循環器、つまり心臓ですが、心臓の病気で最もポピュラーなものは、狭心症や心筋梗塞といって、心臓の筋肉に血液を供給する血管が動脈硬化で狭くなったり、突然詰まってしまう病気です。

なかでも心筋梗塞はいつどこで発症するかわからない病気で、しかも適切な治療を施さないと、三割以上の人が命を落としてしまう、とても怖い病気です。私が所属する病院に来た患者だけ助けられても、地方で専門医のいない病院に運ばれたら助からないかもしれない。このような医療レベルの不均衡は、理想の医療からは程遠いものです。何か解決策はないものかと思案しましたが、事態は予想以上に深刻でした。もはや医療だけの問題にとどまらず、日本の国全体のあり方にかかわる根の深い問題になっていたのです。

どうすれば、この状況を打破できるのか、私自身答えは見えていませんが、間違いないえることは、大胆な発想の転換、根本的な構造改革が必要だということです。そのためには若者の力が必要です。地方で埋もれている優秀な若者が一人でも多く表舞台に出てきて欲しい、そんなメッセージをより多くの人に伝えるために、本書の執筆を思い立ちました。

◆現代日本の危機的状況

「はじめに」にも書いたように、今日本は近年にない危機的な状況に瀕しています。国の借金は年を追うごとに増え続け、二〇一二年現在一〇〇〇兆円を超えようとしています。二〇一一年三月の東日本大震災とそれに伴う福島第一原子力発電所の問題、これも根本的な解決に至るのがいったいいつになるのか、まったく出口が見えない状況です。

長引く不況と円高で大企業はどんどん海外に拠点を移し、国内の産業の空洞化が進んでいます。企業は、有能な外国人を積極的に採用し、英語を社内公用語にする企業も増えています。一方、日本の大学生は就職氷河期と言われ、二〇一二年卒の就職内定率も低水準のままです。がんばって勉強して一流大学に入り卒業しても就職できないかもしれない、そんな時代になってしまいました。

ならば医学部に行けば安泰かというと、それも保証のかぎりではありません。日本の国民皆《かい》保険制度は、国民すべてが高度な医療技術の恩恵を受けることができる素晴らしい制度ではあります。しかし、このまま高齢化が進み、年金・介護・医療などの社会保障費が増え続け、国の借金も増え続ければ、今のシステムを維持できなくなります。国民皆保険制度が崩れた時にどんな事態が待ち受けているか、想像だにできませんが、現在のシステムの上に胡座《あぐら》をかいていてはいけないのは、間違いないでしょう。

◆日本の教育はガラパゴス？

「ガラパゴス化現象」という言葉を最近よく耳にします。ガラパゴスとは、南米のエクアドル共和国に属するガラパゴス諸島のことです。ガラパゴス諸島は、エクアドル共和国の西約九〇〇km付近に浮かぶ一〇〇以上の島々からなり、ガラパゴスゾウガメ、ガラパゴスリクイグアナなど、大陸とは隔絶された独自の進化を遂げた固有種が多く存在することで知られています。日本は一億二〇〇〇万人超の国内市場をうまく活用して産業発展を遂げてきた一方で、日本の顧客だけを意識した財やサービスの提供が、逆に海外進出の足かせともなり始めています。このような日本の特殊性を、ガラパゴス諸島の生物になぞらえて、このように呼ぶようになったのです。たとえば、典型的なのが携帯電話で、諸外国と比較しても日本だけが突出して独自の進化を遂げてきました。しかし、国内だけに特化した携帯端末は、国際市場においては大きく後れをとっています。

本書をここまで読まれた方は、もうおわかりだと思いますが、日本の受験産業・教育産業はまさに「ガラパゴス化」しています。戦後初期とほとんど変わらない教育内容を続け、小学生の頃から学習塾に通って必死に勉強し、たとえ希望通りの大学に入ったとしても、「国際競争力」という点では、隣国の韓国や中国と比べても明らかに劣っているのです。

これまでに日本は、大きな「開国」を二度経験しています。最初は江戸時代の長い鎖国を解いた明治時代の「開国」。そして、二番目は第二次大戦後、敗戦国として、いったん閉ざされた海外諸国との国交を回復させていった「開国」です。こうして、日本は世界に門戸を開いていたはずなのに、いつの間にか極めて閉鎖的な国になっていたのです。

◆日本人の識字率は世界最低レベル？

日本人の識字率、すなわち一五歳以上で文字が読める人の割合は、九八％以上と、他国と比べても極めて高い水準だと言われています。しかし、これはあくまでも日本語にかぎった話です。

日本語を使っているのは世界中で日本人だけです。グローバル化する社会の中で、日本語の識字率がいくら高くても、世界で広く使われている英語が読めなければ、国際社会で競争どころか、スタートラインにも立てないのです。インターネットが普及し、グローバル化する中で日本が取り残されていった理由の一つは、このあたりにありそうです。いくらインターネットを通して世界中の情報にアクセスできるといっても、日本語しか読めなければ国内の情報にしかアクセスできないのと一緒なのです。

◆第三の開国に必要なもの

これから日本は「第三の開国」が必要だといわれています。第三の開国に必要なものとは、かいつまんでいえば、「地方からの国際化」「国内需要依存型産業の国際化」、そして「人材の国際化」です。これらを実現することで、人、モノ、カネ、情報の国境を越えた移動が自由にできる社会になるといわれています。ガラパゴス化した教育産業も、国内需要だけに依存してはいられなくなります。国際的にも通用するような新しい内容がなければ、通用しなくなるでしょう。

今までの「鎖国」状態の日本では、まじめに「ガラパゴス教育」を受けて、一流大学といわれる大学に入り卒業すれば、なんとかなっていました。しかし、これからはそうはいきません。ボーダレスな広い世界で、自分に合った、真のコンフォート・ゾーンを探す必要があります。幕末の志士たちも海外に学びの場を求め、知識を得て、それを日本に持ち帰り、新しい時代を築いていきました。「はじめに」でも書きましたが、日本を危機的な状況から救う道は、国内にとどまることだけではありません。日本を出て、世界で学び、世界で働き、そこから得たものを日本に還元する必要があります。そうすることで、より早く日本を再生することができるでしょう。このような大変革の時期は、すぐそこまで近づいているのです。

◆現代における「故郷に錦を飾る」とは?

昔は、一生懸命勉強して東京に出て学問や仕事で成果を上げ、そして田舎に帰れば「故郷に錦」を飾れました。ところが今はそう簡単にはいかない時代です。先日、誰もが知っている広告関係の会社の幹部の方と話をする機会がありました。その方は広島出身ですが、「自分が若い頃は、田舎にいても仕事がないので東京に出稼ぎに来た。今は東京にいても仕事がないので海外に出稼ぎに行かなければならない」と話していました。

今、日本はいろいろな意味で低迷していますが、ひとたび海を渡れば、若者が多く、活気にあふれた国がたくさんあります。そうした空気に触れるだけでも、感性が変わります。私の願いは、才能ある若者が地方で埋もれてしまわず、世界の舞台で学び、活躍し、そこで得たものを日本に還元して欲しいということです。それが現代における、「故郷に錦を飾る」ことだと思っています。

◉参考文献

＊ジョン・F・ケネディ著、宮本喜一訳：『勇気ある人々』／英治出版／2008
＊晴山陽一著：『すごい言葉―実践的名句323選』／文春新書／文藝春秋／2004
＊デイビッド・ウィナー著、箕浦万里子訳：『エリノア・ルーズベルト／伝記　世界を変えた人々』／偕成社／1994
＊アルバート・アインシュタイン著、弓場隆訳：『アインシュタインにきいてみよう　勇気をくれる150の言葉』／ディスカヴァー・トゥエンティワン／2006
＊デイヴィッド・シールズ編、永井淳、戸田裕之訳：『イチローUSA語録』／集英社新書／集英社／2001
＊ウィリアム・シェイクスピア著、小田島雄志訳：『シェイクスピア全集』／白水Uブックス／白水社／1983
＊増田誠司著：『教育格差に挑む』／静岡新聞社／2009
＊糸川英夫著：『糸川英夫の入試突破作戦』文春文庫／文藝春秋／1983
＊マシュー・サイド著、山形浩生、守岡桜訳：『非才！―あなたの子どもを勝者にする成功の科学』／柏書房／2010
＊アービン・ジョンソン、ウィリアム・ノヴァク著、池央耿訳：『マイライフ』／光文社／1993

＊平野旭・辻敏夫・滝口昇・大竹久夫著：『ゾウリムシの化学応答モデルを用いた移動ロボットのバイオミメティック制御』／日本機械学会論文集 73巻734号／2007
＊スティーブン・R・コヴィー著、ジェームス・スキナー、川西茂訳：『7つの習慣―成功には原則があった！』／キングベアー出版／1996
＊糸川英夫著：『驚異の時間活用術―なぜこれほど差がつくのか』／PHP文庫／PHP研究所／1985
＊松下幸之助著：『道をひらく』／PHP研究所／1968
＊斎藤一人著：『変な人の書いた成功法則』／総合法令出版／1997
＊入江伸著：『入江塾の秘密』／ノンブック／祥伝社／1974
＊インパクト編：『生きる力がわいてくる　名言・座右の銘1500』／ナガオカ文庫／永岡書店／2011
＊デイビッド・セイン著：『英語で読む世界の名言　英語で人生を学ぶ』／アスコム／2011
＊ロジャー・パルバース著：『英語で味わう名言集　心に響く古今東西200の言葉』／NHK出版／2011
＊田中安行監、英語名言研究会著：『音読したい英語名言300選』／中経出版／2011
＊苫米地英人著：『夢をかなえる洗脳力』／アスコム／2007
＊Reducing the Racial Achievement Gap:A Social-Psychological Intervention Science 313, 5791 (2006);Geoffrey L. Cohen, et al.

＊本山勝寛著：『お金がなくても東大合格、英語がダメでもハーバード留学、僕の独学戦記』／ダイヤモンド社／2007
＊梶原一騎原作・川崎のぼる作画：『巨人の星』／講談社漫画文庫／講談社／1995
＊服部嗣雄著：『難問題の系統とその解き方物理』／教育社／1986

森田敏宏

もりた・としひろ

一九六五年千葉県生まれ。一九八五年東京大学理科Ⅲ類に合格。一九九一年東京大学医学部卒業。医学博士。東京大学附属病院では循環器内科医として二〇〇八年まで心臓カテーテル治療のチーフを務めるかたわら、加圧トレーニングを導入する。現在、若手医師の技術向上のために独自の教育システム・行動改善システムを開発し、多くの成果を上げている。著書に『未来へ向かう心臓治療』（平凡社新書）、『東大ドクターが教える、やる気と集中力の高め方』（クロスメディア・パブリッシング）などがある。http://morilyn.com

小学館101新書

142

東大理Ⅲにも受かる７つの法則

難関を乗り越える処方箋

二〇一二年八月六日　初版第一刷発行

著者　森田敏宏

発行者　蔵　敏則

発行所　株式会社小学館

〒一〇一−八〇〇一　東京都千代田区一ツ橋二−三−一

電話　編集：〇三−三二三〇−五九六六

販売：〇三−五二八一−三五五五

装幀　おおうちおさむ

印刷・製本　中央精版印刷株式会社

Printed in Japan　ISBN 978-4-09-825142-1